职业教育课程改革创新教材

职业教育旅游服务类专业规划教材

# 前厅服务与管理

主　编　刘晓蕾　刘　莉

副主编　张美丽　刘　丽

参　编　丁　瑶　高　涵　韩　磊

刘新艺　孙嘉琳　刘晓刚

机械工业出版社

本书立足于市场的实际需求，紧跟酒店行业发展的潮流，进行大胆的创新。本书结合星级酒店前厅工作的案例，详细讲解了如何成为一名优秀的前厅服务与管理人员，让学生在学习的过程中能够深入了解前厅工作的内容。本书共分为走进前厅部、熟悉预订服务、掌握礼宾服务、熟悉总台接待服务、熟悉总机与商务中心服务、解析前厅销售服务、熟悉前厅部管理7个学习单元。

本书适合作为中等职业学校旅游管理、酒店管理、餐饮管理及烹饪等专业学生的教材，也可以作为酒店从业人员、酒店管理者培训用书，还可以作为各类成人教育相关专业的教学用书。

**图书在版编目（CIP）数据**

前厅服务与管理 / 刘晓蕾，刘莉主编．—北京：机械工业出版社，2019.8（2025.1 重印）

职业教育课程改革创新教材　职业教育旅游服务类专业规划教材

ISBN 978-7-111-63215-3

Ⅰ．①前…　Ⅱ．①刘…　②刘…　Ⅲ．①饭店—商业服务—中等专业学校—教材　②饭店—商业管理—中等专业学校—教材　Ⅳ．① F719.2

中国版本图书馆 CIP 数据核字（2019）第 158285 号

机械工业出版社（北京市百万庄大街 22 号　邮政编码 100037）

策划编辑：李　兴　　　　责任编辑：李　兴

责任校对：炊小云　潘　蕊　　封面设计：严娅萍

责任印制：常天培

固安县铭成印刷有限公司印刷

2025 年 1 月第 1 版第 2 次印刷

184mm×260mm・7.75 印张・189 千字

标准书号：ISBN 978-7-111-63215-3

定价：24.00 元

| 电话服务 | 网络服务 |
|---|---|
| 客服电话：010-88361066 | 机　工　官　网：www.cmpbook.com |
| 010-88379833 | 机　工　官　博：weibo.com/cmp1952 |
| 010-68326294 | 金　　书　　网：www.golden-book.com |
| **封底无防伪标均为盗版** | 机工教育服务网：www.cmpedu.com |

# 前　言

星级酒店在很多城市如雨后春笋般出现，随着酒店业竞争的加剧，酒店的服务质量直接关系到酒店的生存与发展，酒店从业者面临着日益严峻的考验。这就要求酒店在日常的管理过程中，要迎合市场的需要，全面提升酒店的服务质量。如何提升酒店的服务质量，这一关键性的问题对于酒店管理者来说是一个非常值得思考的问题。鉴于此，本书编者认为实施“以人为本”管理，引进优秀的酒店服务与管理人才，留住人才，这才是提升酒店服务质量、赢得客户认可的关键所在。本书旨在让广大中等职业学校的学生能够深入学习酒店服务与管理的技能精髓，为企业培养和输送专业化的酒店管理人才，促进酒店业的全面健康发展。

酒店前厅服务部是现代酒店管理中的重要部门，是顾客与酒店直接接触的第一场所，顾客对酒店的第一印象和最终印象都是在前厅形成，酒店的整体服务质量、服务水平都在前厅得到集中体现。酒店前厅管理具有全面性、综合性和协调性，涉及酒店提供对客服务的各项内容，是酒店对客服务开始和最终完成的场所，是酒店的神经中枢，也是顾客与酒店联系的纽带。从顾客抵达酒店到最终离开，其所享受到的服务都与前厅服务部的工作密切相关，所以说前厅服务部是整个酒店服务工作的核心部门，其服务质量以及管理决策水平对酒店的市场形象、行业竞争力和经济效益都有着重要的影响。

“前厅服务与管理”是中等职业学校酒店服务与管理专业的专业核心课程，同时也是一门与酒店管理行业实践紧密结合的课程。酒店业日新月异的发展促使职业院校的专业教学也要不断创新，才能为酒店行业提供高素质的人才。本书涵盖酒店前厅服务和酒店前厅管理两部分内容。其中，酒店前厅服务包括预订服务、前台接待服务、礼宾服务、问询服务、商务中心服务、总机服务、收银服务等内容；酒店前厅管理包括前厅销售管理、前厅客务关系管理等内容。

本书的内容经编者精心编排，具有如下特点：每个学习单元分为若干个模块，每个模块设置了“学习情景”“应知应会”“模块实训”“考核评价”“知识加油站”五个环节。每个模块以实习生小王遇到的各种情况导入“学习情景”，接着在“应知应会”环节介绍相关理论知识，中间还穿插了“想一想”“试一试”等环节，激发学生的思考，随后设置“模块实训”和“考核评价”进行实训练习，最后还设置了“知识加油站”拓展学生的知识面。每个学习单元之后，还设置了填空、判断、简答三种类型的思考题，以检验学生对所学知识的掌握情况。

本书按照理论实践一体化的教学模式，以现场工作任务的实施方法、内容和过程为主线，将理论知识与实践能力的培养有机结合，以酒店前厅对客服务的工作过程为依据编写。本书从认识前厅开始，客人通过预订接触酒店前厅的第一个部门，抵达酒店有礼宾部的迎接，到前台办理入住登记手续，入住期间有前台、总机等部门提供服务，之后结账离店，前厅为客人整理客史资料等一系列完整的对客服务过程作为主线来整合、序化教学内容，既遵循学生职业能力培养的基本规律，又符合企业的岗位要求。通过本课程的学习，能够使学生掌握酒店前厅的基本知识，具备酒店前厅的工作能力，养成沟通协作、真诚待客的服务品质，为学生的职业发展打下良好的基础。

感谢山东舜和国际大酒店、济南第三职业中等专业学校等单位对本书编写工作给予的大力支持与帮助。

由于编者水平有限，书中难免有不足之处，期望广大读者和学校的师生对本书提出建设性的意见和建议，使本书再次修订时，能够在内容和体系上更加完善，以便更好地满足各大职业院校的教学需求。

编　者

# 目 录

# 学习单元一　走进前厅部

## 单元指南

通过本单元的学习，旨在让学生熟悉前厅部的概念、功能、组织结构、布局及环境，领会前厅部员工应具备的素质要求。通过实训内容的训练能够加强小组成员的团结协作意识，从而进一步加深学生对员工应具备素质的理解。

**重点** 前厅部的作用与功能　　　　**难点** 前厅部员工的素质要求

## 模块一　认识前厅部

## 学习情景

小王是一名中职酒店管理专业的学生，在一次实习中，他来到某五星级酒店。入职培训期间，培训部经理带领新来的实习生参观酒店。培训部经理告诉大家，酒店的前厅部是从酒店大门到酒店客房、餐厅之间的公共区域。小王发现酒店前厅部的装修比其他部门更加豪华，他很惊讶，酒店前厅部的装修为什么会如此豪华？

视频 1-1　酒店前厅全景

## 应知应会

### 一、前厅部的作用与功能

**想一想** 当我们走进一家酒店时，看到宽敞明亮、装饰豪华的大堂，体验到热情优质、细心周到的服务，就可以判断出这家酒店的档次和服务水准。有人把前厅部比作酒店的“窗口”和“名片”，那么，前厅部在酒店中有什么作用呢？它具备什么功能呢？

#### （一）前厅部的作用

前厅部主要负责招徕并接待宾客，销售酒店客房及餐饮娱乐等服务产品，沟通协调酒店各部门，为顾客提供各种综合服务。酒店前厅部的运转质量直接影响酒店的服务质量、经济效益和市场形象。其作用主要体现在以下五个方面：

**1. 前厅部是酒店的“窗口”和“名片”**

前厅部的服务与管理直接体现了酒店的档次和服务质量。酒店能否吸引和留住客人，不仅取决于前厅大堂的设计（装饰、布置、灯光等），更取决于前厅部员工的精神面貌（图1-1）、服务态度、工作状态和工作效率。前厅部还是给宾客留下第一印象和最后印象的地方，是宾客在酒店首先和最后接触的部门，往往会影响宾客对酒店服务质量的评价，并且关系着宾客是否会再次光临。因此，前厅部被誉为酒店的“窗口”和“名片”。

图 1-1　前厅部员工的精神面貌

**2. 前厅部是酒店的中枢**

前厅部是酒店的核心区域之一，是酒店的门面，是酒店文化的展示窗口，是宾客进出酒店的集散地，也是酒店对客服务的枢纽。

**3. 前厅部是酒店的销售平台**

前厅部通过推销客房，提供商务、票务、交通等服务直接获取经济收入，并协助酒店营销部提高酒店产品的销量，提升客房出租率、平均房价及 RevPAR（Revenue Per Available Room，指每间可供出租客房产生的平均实际营业收入），其销售工作将直接影响酒店的经济效益。

**4. 前厅部是酒店的信息中心**

前厅部能为酒店其他部门收集、加工、传递大量的服务信息、酒店客情、经济情况以及服务质量状况等数据，有利于酒店管理者制订科学的经营管理决策，如酒店房价的调整。

**5. 前厅部是酒店建立良好宾客关系的重要部门**

前厅部是服务人员与宾客接触最频繁的地方，最易获知宾客的需求，如果能够满足宾客的需求，一方面可以提高酒店的经济效益，另一方面又能为酒店赢得更多的回头客。我们要尽可能建立良好的宾客关系，因为宾客对酒店提供的各项服务的满意程度，决定了宾客对酒店服务质量的评价。

## （二）前厅部的功能

**1. 客房销售**

客房销售是前厅部的首要功能。客房是酒店销售的主要产品，其营业收入占酒店全部

收入的 40% ～ 60%。前厅部的销售工作在很大程度上决定了酒店每日客房的出租率。因此前厅部的全体员工应按照酒店制定的价格，尽最大努力推销出更多数量和更高档次的客房。

### 2．提供信息

前厅部要负责收集、加工、传递大量的服务信息。服务信息分为内部管理信息、外部市场信息和其他信息。

（1）内部管理信息包括酒店的营业收入、出租率、宾客投诉、宾客住店 / 离店以及在各营业点的消费情况等。

（2）外部市场信息包括旅游业的发展状况、宾客的消费需求和心理、人均消费水平、年龄结构、国内外最新经济信息等。

（3）其他信息是指酒店内外有关活动的信息，包括有关日程安排、服务项目、服务地点、服务价格、服务时间等。

### 3．及时准确显示客房状态

为了能最大限度地提高酒店客房的出租率，前厅部应及时、准确地显示客房状态（简称房态，见图 1-2）。房态一般分为长期房和短期房两类。长期房态通常用客房预订汇总表或计算机来显示，短期房态通过计算机显示。

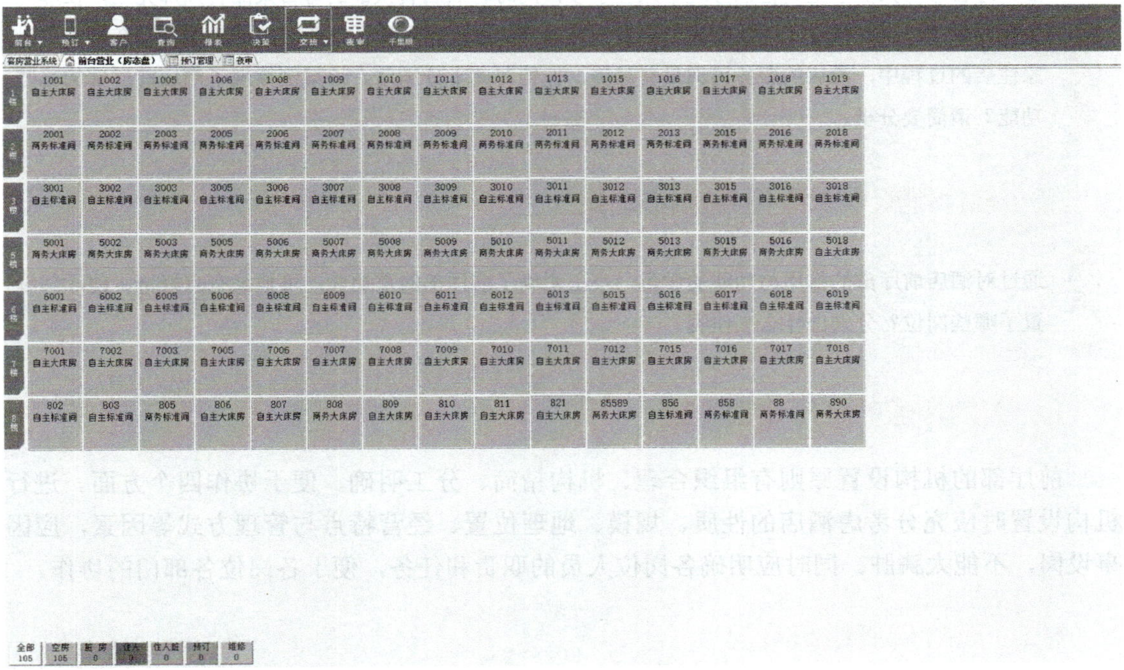

图 1-2　酒店房态

### 4．协调对客服务

前厅部作为酒店业务活动的中心，是宾客与酒店其他部门之间传达信息的桥梁，能更好地协调各部门之间的对客服务。为了提高宾客满意度，降低投诉率，前厅部应与其他部门随时沟通，对客人的投诉及时采取措施，尽快解决问题，给宾客提供舒适的体验。

#### 5．建立宾客档案

建立宾客档案的主要目的是提高酒店客房的销售能力，增加市场渗透力。宾客档案的主要内容包括宾客的爱好、习惯、消费偏好、住店期间的特殊需求、投诉情况等。建立档案时可采用按照宾客姓名首字母顺序排列的方法。

#### 6．提供各类前厅服务

前厅部除协调对客服务外，还提供在酒店（车站或机场）迎送宾客、分发 / 保管客用钥匙及处理投诉、寄存贵重物品等服务。

#### 7．建立、控制客账

为了确保宾客在住店期间的账目准确无误，保证酒店良好的经济效益，前厅部应及时为住店宾客制作账单，记录各营业点转来的经宾客签字的客账信息，累计并审核宾客的各个款项。同时，为离店宾客办理结账、收款或转账等服务事宜。

试一试

国庆节假期，邢先生夫妇带着 2 岁的儿子去苏州旅游，特意提前十天预订了酒店。邢先生一家到店后，总台服务人员小王为他们办理了入住手续，同时将酒店餐饮部的每日菜品告知邢先生，在邢先生的要求下，为其预订了入住期间的早餐，并为邢先生一家预约了离店时的送机服务。在邢先生一家住店的过程中，酒店的服务可谓尽善尽美，他们对此十分满意。该案例体现了酒店前厅部的哪些功能？请简要分析。

## 二、前厅部的组织机构与岗位要求

想一想

通过对酒店前厅部的作用与功能的学习，小王明确了前厅部的重要性，可他又有点好奇，前厅部设置了哪些岗位？分别做什么工作呢？

### （一）前厅部的机构设置原则

前厅部的机构设置原则有组织合理、机构精简、分工明确、便于协作四个方面。进行机构设置时应充分考虑酒店的性质、规模、地理位置、经营特点与管理方式等因素，应因事设岗，不能太臃肿。同时应明确各岗位人员的职责和任务，便于各岗位各部门的协作。

### （二）前厅部的组织机构

通常情况下，酒店按照客房数量和接待规模分为大型、中型、小型酒店。酒店管理人员应根据酒店类型、规模、等级、劳动力成本、管理模式等因素，全面考虑前厅部组织机构的设置形态。

由于酒店规模不同，所以前厅部组织机构设置差异很大（表 1-1）。

表 1-1　大型、小型酒店前厅部组织机构设置

| 大型酒店 | 小型酒店 |
| --- | --- |
| 管理层次多 | 管理层次少 |
| 组织机构多、范围广 | 组织机构少、范围窄 |
| 职能划分精细，不同岗位各司其职 | 职能划分简易，可能将不同岗位合而为一 |

目前，酒店管理多采用组织机构的扁平化管理方式，酒店各部门都应尽可能减少管理层次，以提高沟通和管理效率，降低管理成本。

## （三）前厅部各岗位职责

### 1. 总台

总台（图 1-3）即总服务台的简称，是为宾客提供住宿登记、结账、问询、外币兑换等综合服务的场所。

（1）接待各类型宾客入住，办理入住登记和离店手续，为宾客提供分房、换房及其他日常服务。

（2）向各接待相关部门提供信息或下达指令，控制房态等。

（3）负责分发与控制客房钥匙，解答客人的问询，接受宾客留言等。

（4）为宾客办理结账手续，提供兑换外币、贵重物品寄存服务等。

图 1-3　总台

### 2. 预订部

预订部负责酒店的订房业务。预订是指宾客在抵店前，要求酒店为其保留客房的预先约定，也称订房。做好客房预订工作，是酒店争取客源、扩大市场的重要环节。

（1）接收或婉拒各类宾客的订房，并办妥相应手续（图 1-4）。

（2）整理、记录订房信息并分类归档；统计、分析及预测各类订房数据，及时提供给相关部门参考。

（3）妥善计划和控制超额订房的比例。

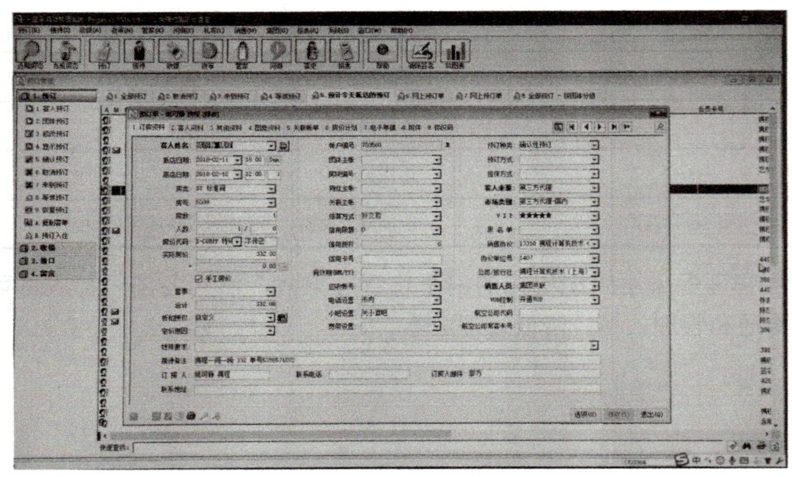

图 1-4　预订单

### 3. 礼宾部

礼宾部（图 1-5）是为宾客提供迎送服务、行李服务和各种委托代办服务的部门，又称“行李处”“大厅服务处”或“委托代办处”，由礼宾部主管（“金钥匙”）、领班、迎宾员、行李员、委托代办员等人员构成。

（1）迎送宾客，接送和寄存团体、散客的行李。

（2）递送酒店表单及客人留言、邮件，完成宾客的其他委托事项等。

（3）寄存处的注意事项。

1）寄存处不寄存现金、金银珠宝、玉器等贵重物品以及身份证等重要证件。

2）寄存处不得寄存易燃、易爆、易腐烂或腐蚀性等物品以及易腐烂、变质物品。

3）寄存过程中如果发现枪支、弹药、毒品等危险物品，应及时报告保安部和大堂副理，并控制现场，防止发生意外。

4）寄存处房门钥匙应专人专管，确保“人在门开，人离门锁”。

5）寄存记录完备，所有行李均系有寄存挂牌，摆放整齐。

6）行李房及周边严禁烟火，房内配有灭火装置，通风良好，清洁干燥。

图 1-5　礼宾部

### 4. 电话总机

电话总机负责接转电话，为宾客提供电话叫醒及电话留言服务。

5. 商务中心

商务中心主要负责宾客的传真收发、复印、打印、计算机拷盘及文字修订，快递、订票、翻译、出租打印机及计算机，提供市话、IDD（International Direct Dial，国际直拨电话）及 DDD（Domestic Direct Dial，国内长途电话），出租商务洽谈室（图 1-6）以及资料查询等服务。

图 1-6 商务洽谈室

试一试 根据班级人数，分成三个小组，各小组人数可按照 1:2:3 设置，分别模拟大型、中型、小型酒店的前厅部机构的岗位设置。思考应当如何设置组织机构岗位，为什么要这样设置？

## 三、前厅部工作环境

想一想 熟悉前厅部工作环境的第一步是了解前厅部的布局与设置。下面让我们跟着小王，一起来了解酒店前厅部的布局及其意义。

### （一）前厅部的布局与环境

1. 前厅部的布局

前厅部是宾客办理入住登记手续、会客、休息、退房结账的地方。酒店大门（正门、侧门）、总台、电梯是前厅部最基本的布局结构，此外还包括酒店入口处、前厅公共区域（总台、商务中心、大堂酒吧、咖啡厅、商场等）、公共设施、洗手间及衣帽间等。

2. 前厅部的环境

前厅部要以其和谐的装潢、宽敞的空间、独特的主题，营造出一种舒适的氛围，以便给宾客留下美好而难忘的印象。

（1）温度、湿度。前厅部的适宜温度一般为 22 ～ 24℃，湿度为 40% ～ 60%。

（2）光线与色彩。前厅部内的光线应为自然光配以多层次的灯光，确保良好的光照效果。大厅内宾客主要活动区域的地面、墙面等，应以暖色调为主（图 1-7）；前厅的服务环境以及宾客休息区域的色彩设计应略呈冷色调，可使人心情平静（图 1-8）。

图 1-7　大厅内的光线色彩

图 1-8　休息区域的光线色彩

### （二）总台设计及其要求

**1. 总台设计**

总台是酒店的中心，是宾客形成第一印象的关键所在，一般设在门厅正对面或侧面醒目位置。总台设计是否合理，将直接影响总台对客服务的质量，设计时通常考虑总台长度、区域空间、酒店的星级和客房数量等因素，可采用站立式或坐式两种方式。

**2. 总台要求**

接待人员应 24 小时提供接待、问询和结账等服务，并能够提供留言、总账单结账、国内和国际信用卡结算及外币兑换等服务。

试一试　夏季室外温度很高，有些宾客贪凉，一进酒店便要求小王把中央空调的温度调到很低，但有的宾客则会埋怨因室内温度过低造成头痛。请你帮小王想一想，如何平衡这两类客人的需求，前厅室内温度如何设置更为合适？

## 模块实训

实训内容：在老师的指导下，全班同学分组，根据调研表（表 1-2）的内容，分别到三星级、四星级、五星级酒店对前厅部的功能、作用、组织机构设置、岗位要求及工作环境等进行实际调研，总结出各星级酒店前厅部之间存在的差异，形成调研报告，并制成 PPT 进行汇报。

实训要求：图文并茂，可适当添加采访视频。

实训时间：30 分钟 / 组。

表 1-2　星级酒店前厅部调研表

| 序号 | 调研内容 | 酒店等级 | | |
|---|---|---|---|---|
| | | 三星级 | 四星级 | 五星级 |
| 1 | 与接待规模相适应的前厅部和总台 | | | |
| 2 | 区位功能划分合理 | | | |
| 3 | 整体装修风格精致统一、色调协调、光线充足 | | | |
| 4 | 整体舒适度合理 | | | |
| 5 | 绿植、花卉摆放得体，插花有艺术感 | | | |

（续）

| 序号 | 调研内容 | 酒店等级 | | |
|---|---|---|---|---|
| | | 三星级 | 四星级 | 五星级 |
| 6 | 通风良好，光线、温度、湿度适宜 | | | |
| 7 | 背景音乐曲目适宜，音质良好，音量适中 | | | |
| 8 | 无异味、无烟尘、无噪声、无强风 | | | |
| 9 | 总台位置合理，接待人员24小时提供接待、问询和结账服务，并能提供留言、总账单结账、国内和国际信用卡结算及外币兑换等服务 | | | |
| 10 | 设置行李寄存处，配备贵重物品保险箱 | | | |
| 11 | 提供客房价目表及城市所在地旅游路线图 | | | |
| 12 | 可提供中英文所在地交通图、与住店宾客相适应的书刊 | | | |
| 13 | 有计算机管理系统 | | | |
| 14 | 在非经营场所提供宾客休息区 | | | |
| 15 | 设置残疾人出入坡道，配备轮椅 | | | |
| 16 | 设置残疾人专用卫生间或厕位 | | | |
| 17 | 员工仪容仪表得体，着装体现岗位特色；工装整洁、熨烫平整，鞋袜整洁一致；佩戴名牌 | | | |
| 18 | 使用普通话服务，具备外语会话能力 | | | |
| 19 | 大堂区域均有无线网络覆盖 | | | |
| 20 | 配备应急照明设施 | | | |
| 21 | 有艺术品装饰 | | | |
| 22 | 能提供收发快递、打印、复印服务 | | | |
| 23 | 有自动扶梯 | | | |
| 24 | 有观光电梯 | | | |
| 25 | 提供针对性、个性化服务 | | | |

## 考核评价

前厅部概述的考核标准见表1-3。

**表1-3　前厅部概述的考核标准**

考核时间：30分钟　　考核总分：100分

| 考核内容 | 考核要点 | 学生互评 | 教师评分 |
|---|---|---|---|
| 展示形式（PPT展示）（10分） | 1. PPT界面美观大方 | | |
| | 2. PPT主题符合酒店前厅的风格 | | |
| | 3. PPT颜色、字体、字号等前后一致 | | |
| | 4. PPT规范清楚，思路清晰 | | |
| | 5. PPT中文字和图片结合，图片为原创 | | |
| | 6. PPT有视频展示，且视频为原创 | | |
| | 7. PPT中的视频经过剪辑包装 | | |
| 展示内容（55分） | 1. PPT首页上有汇报题目、小组成员、日期 | | |
| | 2. 调研的三星级酒店的简介及酒店外景图片 | | |
| | 3. 调研的四星级酒店的简介及酒店外景图片 | | |
| | 4. 调研的五星级酒店的简介及酒店外景图片 | | |

（续）

| 考核内容 | 考核要点 | 学生互评 | 教师评分 |
|---|---|---|---|
| 展示内容（55分） | 5．根据调研表中的内容总结三、四、五星级酒店前厅部的特点 | | |
| | 6．根据调研表中的内容总结三、四、五星级酒店前厅部组织机构的差异 | | |
| | 7．根据调研表中的内容总结三、四、五星级酒店前厅部岗位设置的差异 | | |
| | 8．根据调研表中的内容总结三、四、五星级酒店前厅部配套设施中的差异 | | |
| | 9．根据调研表中的内容总结三、四、五星级酒店前厅部工作环境的差异 | | |
| | 10．根据调研表中的内容总结三、四、五星级酒店前厅部人员要求的差异 | | |
| | 11．调研的星级酒店提供的个性化、针对性服务等 | | |
| | 12．调研心得 | | |
| | 13．PPT尾页有结束语 | | |
| 小组汇报（35分） | 1．积极发言 | | |
| | 2．发言有礼有节 | | |
| | 3．讲述或发言响亮、清晰，有条理 | | |
| | 4．组内成员尊重他人发言，善于倾听，及时补充自己的想法 | | |
| | 5．对问题阐述清楚、有逻辑，并且有一定分析 | | |
| | 6．精神饱满，能较好地运用姿态、动作、手势、表情，清晰地表达内容 | | |
| | 7．自信、自然，面带微笑，汇报具有较强的感染力、吸引力和号召力 | | |
| | 8．语言表达得体、流利，基本能脱稿 | | |
| | 9．无口头语 | | |
| | 10．小组成员讲解顺序自然、配合密切 | | |
| | 11．有吸引力的开场白和总结性的结尾 | | |
| | 12．小组汇报时间控制得当 | | |
| 总分 | | | |
| 教师评语 | | | |

注：总分＝学生互评分×30%+教师评分×70%。满分为100分，60分以下为不合格，60～74分为合格，75～85分为良好，85分以上为优秀。

## 知识加油站

### 情满“舜和”

舜和国际大酒店的服务员小王在去零点餐厅送餐回来的途中，遇到刚才入住9009房间的孙先生。入住时小王发现孙先生一直在不停地轻触自己的鼻子，好像是不舒服，现在手中的纸巾上似乎还有些许血丝。交谈后小王得知孙先生刚做完鼻腔手术，鼻腔偶尔会有少许渗血，他正要去餐厅吃东西。之前小王照顾过做过鼻腔手术的朋友，积累了一些术后经验，了解到有很多东西都需要少吃或忌口，比如少吃生冷油腻的食物，忌食辛辣刺激性食物，还要戒烟酒等，小王将这些一一告知孙先生，并提醒他最好只吃点流食，比如稀饭、牛奶、汤面之类。针对孙先生鼻腔渗血的问题，小王又想到了冰敷这个办法。于是小王先去西餐厅拿了

些冰块，再去房务中心借了条毛巾把冰块包好。半小时后估计孙先生已用完餐，小王把准备好的冰包送到9009房间，告知孙先生冰敷额部，有利于减轻头痛、减少出血等，客人很是感动。

把客人当朋友，把客人当亲人，用热情服务客人，用真心感动客人，让客人真正感受到“情满舜和”。

# 模块二　通晓员工素质要求

## 学习情景

这一天，小王和收银员小李搭班在总台工作。下午1点多，总台来了一位宾客赵先生，说自己的消费账单搞错了，少找了他50元。他和妻子住店期间，到餐厅吃了一顿饭，又到商务中心买了一堆零食和生活用品，退房时到收银台结账，总共花了1 002.70元。

赵先生递给收银员十一张面值100元的钞票。由于宾客比较多，收银员小李埋头递给赵先生找回的零钱和发票，接着接待下一位宾客。赵先生直接把零钱装入口袋，走出大门。上车前在妻子的提醒下，把零钱拿出来一数只有47.30元。他交代妻子上车，回头找到这位收银员。收银员小李赶紧解释：“我找您的钱是97.30元，您再仔细找找，是不是掉了。”赵先生回答：“我怎么可能掉了呢？我刚从这里出门，根本没有去任何地方。”小李强调：“钱款必须当面清点，一出柜台我就无法负责。”赵先生表示不满：“你当时根本就没抬头，也没告诉我找了多少钱。”双方起了争执，赵先生找到大堂经理投诉。

大堂经理通知收银主管对该柜台所有收款进行清点，并无差误，最后赵先生在手包中找到了一张面值50元的现钞。赵先生感到有些不好意思，小李却回头对大堂经理说：“什么人啊。”

## 应知应会

小王目睹了事情的整个过程，他想，在服务过程中，或许经常会遇到类似的事情，遇到问题后该如何面对宾客的质疑呢？在处理这些问题的时候除了要按照规章制度办事，也可以不卑不亢地据理力争，但是身为服务人员还应具备哪些素质呢？

### 一、职业素养要求

前厅部员工应具备成熟、健康的心理，在处理复杂问题时做到机智灵活、随机应变。到店宾客来自五湖四海，因此前厅部服务人员应掌握大量的知识，为不同职业、地域、文化背景的宾客提供有针对性的服务。前厅部服务人员还应尽可能地掌握第二甚至第三外语的日常对话技巧。一定的推销技巧和娴熟的业务能力也是一名优秀的前厅部工作人员不可或缺的职业素养。

### 二、仪容仪表要求

仪容仪表不仅体现员工的个人素质，而且反映酒店的服务水准，是构成酒店良好形象的重要因素。因此，前厅部员工应时刻注意自己的仪容仪表，在进入服务区域之前，应先检查自身的仪容仪表是否规范。

1．着装

上岗时必须身着工装，做到着装整齐、清洁、挺括、大方、美观，纽扣齐全且系好，工牌佩戴在左胸处（图 1-9）。

图 1-9　工装及工牌佩戴标准

2．发型

头发应适时梳理，保持清洁，朴实大方。男员工鬓发不过耳，后不及领，不烫发；女员工应用深色发饰束发或盘发，不染鲜艳色彩（图 1-10）。

图 1-10　发型

3．面部

男员工应经常修面，不留胡须，剪短鼻毛；女员工应化淡妆，不可浓妆艳抹，应身无异味，皮肤健康。

4．手部

保持手部清洁，经常修剪指甲，不留长指甲，不涂有色指甲油。

5．首饰

不佩戴除手表以外的其他饰物，如耳环、手镯、戒指、手链、胸针等。

6．注意事项

员工身上不能有异味，做到上班前不喝酒，不吃葱、蒜、韭菜等有刺激性气味的食物。

## 三、礼貌礼节要求

**1. 敬语服务**

前厅部员工都应讲究礼貌礼节，使用“先生”“太太”“女士”等词语称呼并问候宾客。

**2. 真诚服务**

与宾客说话时语气应温和耐心，双目注视宾客，并及时应答。没听清宾客的问话时，应主动说：“对不起，请您再说一遍好吗？”

**3. 文明服务**

始终保持环境安静，不可大声喧哗、哼唱歌曲、聚众开玩笑等（图 1-11）。

图 1-11　禁止喧哗标志

回应宾客招呼时可点头或打手势示意领会，不要高声回答。与宾客交谈时，应注意与宾客保持有效的距离（图 1-12）。在交谈过程中，要严格把握好分寸，不得与宾客开玩笑。注意保护宾客隐私，避免引起误会。

图 1-12　与宾客交谈

**4. 注意事项**

前厅部员工不可收取宾客赠送的礼物。若宾客执意赠送，应表示谢意，并按酒店有关规定处理。

**试一试**

周先生入住一家五星级酒店，不小心把钱包遗失在前厅休息处，钱包内有重要的个人证件、一份账单和一些现金，周先生非常着急。于是，周先生找到前厅部值班的小王，小王尽心竭力地帮助周先生找回了遗失的钱包。周先生为了表达对小王的谢意，买了一个小礼物送给他。如果你是小王，应如何婉拒周先生？

## 模块实训

实训内容：在老师的指导下，全班学生分组模拟对客服务，展示前厅部员工的仪容仪表及礼貌礼节，从而体现酒店员工的职业素养。

实训要求：小组合作，快速规范。

实训时间：20 分钟 / 组。

## 考核评价

前厅部员工素质要求考核标准见表 1-4。

表 1-4 前厅部员工素质要求考核标准

考核时间：20 分钟　　考核总分：100 分

| 考核内容 | 考核要点 | 学生互评 | 教师评分 |
|---|---|---|---|
| 展示内容（60 分） | （一）着装 | | |
| | 1. 符合岗位要求，整齐干净 | | |
| | 2. 无破损、无丢扣 | | |
| | 3. 熨烫挺括 | | |
| | （二）发型 | | |
| | 男员工鬓发不过耳，后不及领，不烫发；女员工应用深色发饰束发或盘发，不染鲜艳色彩 | | |
| | （三）面部 | | |
| | 男员工不留胡须；女员工应化淡妆 | | |
| | （四）手部 | | |
| | 1. 干净 | | |
| | 2. 指甲修剪整齐 | | |
| | 3. 不涂有色指甲油 | | |
| | （五）首饰 | | |
| | 不佩戴除手表以外的其他饰物 | | |
| | （六）礼貌礼节 | | |
| | 1. 使用敬语 | | |
| | 2. 服务真诚，温和耐心 | | |
| | 3. 使用普通话，措辞规范，发音标准 | | |
| 小组展示（40 分） | 1. 积极发言 | | |
| | 2. 发言有礼有节 | | |
| | 3. 讲述或发言响亮、清晰，有条理 | | |
| | 4. 组内成员尊重他人发言，善于倾听，及时补充自己的想法 | | |
| | 5. 精神饱满，能较好地运用姿态、动作、手势、表情，清晰地表达内容 | | |
| | 6. 自信、自然，面带微笑，展示具有较强的感染力、吸引力和号召力 | | |
| | 7. 语言表达得体、流利 | | |
| | 8. 无口头语 | | |
| | 9. 小组成员讲解顺序自然、配合顺畅 | | |
| | 10. 具有吸引力的开场白和总结性的结尾 | | |
| | 11. 小组展示时间控制得当 | | |
| | 12. 形式具有创意 | | |
| 总分 | | | |
| 教师评语 | | | |

注：总分 = 学生互评分 ×30%+ 教师评分 ×70%。满分为 100 分，60 分以下为不合格，60 ～ 74 分为合格，75 ～ 85 分为良好，85 分以上为优秀。

## 知识加油站

### 音乐的魅力

酒店前厅部的背景音乐具有活跃气氛，增强感情色彩，消除寂寞和孤独感，使酒店更具情趣的作用。在遵循轻柔性、融合性、愉悦性原则的基础上，还应根据早、中、晚不同时段来具体选择相应的背景音乐。

**1．早晨**

早晨应选择舒缓、柔美的音乐。早晨是一天的开始，舒缓的音乐能为初醒的宾客带来愉悦的内心感受。同时舒缓的音乐能够消除初到酒店的宾客的紧张感、陌生感，使其产生心理上的亲切感，为酒店内部环境营造温馨友好的气氛，架起酒店与宾客的沟通桥梁，使员工与宾客都有平和宽松的心境，于无形中提高员工的服务效率和工作效率。

**2．中午**

中午多选择轻快，愉悦的音乐。相比较于早晨的音乐，中午的音乐节奏应相对较快。当音调明快、悠扬高雅的音乐回荡在前厅里时，步入前厅的宾客就融入了高雅、舒适的环境。愉悦的音乐是为了消除宾客的紧张情绪，创造温馨浪漫的气氛，使宾客产生宾至如归的感觉，满足宾客的歇息心理需要。

**3．晚上**

晚上酒店前厅多选择节奏较快、气氛热烈的音乐。夜晚，酒店前厅不适宜聚集太多人，节奏较快的音乐能使宾客在心理上产生紧张感，提高酒店的入住率、留宿率。

## 思考题

**一、填空题**

1．____________能够为酒店其他部门收集、加工、传递大量的服务信息、酒店客情、经济情况以及服务质量状况等数据。

2．目前，酒店管理多采用____________，酒店各部门都应尽可能减少管理层次，以提高沟通和管理效率，降低管理成本。

3．前厅部的设置原则有____________、便于协作、____________、____________四个方面。

4．____________负责接转电话、提供电话叫醒及电话留言服务。

**二、判断题**（正确的打“√”，错误的打“×”）

1．前厅部的适宜温度一般为22～24℃，湿度为40%～60%。（　　）

2．礼宾部主要负责宾客的传真收发、复印、打印、计算机拷盘及文字修订等服务。（　　）

3．前厅的服务环境以及宾客休息区域，应以暖色调为主，可使人心情平静。（　　）

**三、简答题**

1．前厅部工作人员的职业素养要求有哪些？

2．大型酒店和小型酒店的组织机构有哪些不同？

# 学习单元二　熟悉预订服务

## 单元指南

本单元旨在让学生形成相关概念之后能够实际操作，让学生通过在课堂中实际模拟来熟悉预订渠道，掌握网络预订和超额预订的处理方法，理解预订的种类及区别，并在今后的实际工作中能够完成散客和团队预订服务。

**重点** 预订的种类、超额预订与缺额预订、团队预订服务

**难点** 预订的渠道和方式、散客预订服务的程序、预订失约行为及其处理

# 模块一　受理散客预订

## 学习情景

某日，实习接待员小王受理了张先生的电话预订，张先生要一间朝南的大床房。到了入住的那天，张先生按时抵店并办理了入住手续，却在进入房间后生气地回到总台。原来在张先生来电预订时，酒店所有朝南的大床房都已售罄，而受理电话预订的小王并未确认所剩房间朝向便答应了张先生的要求。张先生对此十分生气，投诉了小王。

## 应知应会

### 一、受理电话预订

小王为什么被投诉？应当如何受理电话预订呢？

酒店的预订处是酒店与宾客直接接触的门户。预订员能够直接接触客人，了解宾客需求，收集宾客资料，从而提高满意度，为酒店带来更多的客源，使酒店的客房销售量达到理想值。宾客常用的预订方式主要有电话预订、网络预订、面谈预订、书面预订。

电话预订的特点是速度快、方便、便于沟通。受理电话预订的流程如下：

视频 2-1　电话预订操作流程

#### 1．热情问候

电话铃响 10 秒钟内必须接起电话，并问候，如“上午 / 下午 / 晚上好，酒店预订处，

有什么可以帮您？”

**2．明确宾客需求**

预订员应主动向客人询问姓名、人数、国籍等信息，认真倾听客人的预订要求，如房间类型、房间数量、抵店日期、预订天数等。在计算机管理系统中进行查询后，确认能否满足宾客需求。

**3．销售客房**

根据宾客的需求，适时向宾客推销客房，并注意报价方式。及时发出受理预订的请求，如“先生，我现在可以为您做预订吗？”

**4．受理并核对预订**

根据酒店预订单（图 2-1）的信息，认真问询并记录住店宾客的姓名、抵店时间、离店时间、房型、住店天数、房间数量、付款方式、宾客的特殊需求、预订人的姓名及电话等。填写完信息后，应将填写内容复述给宾客并请其再次确认。

**! 注意事项：**

> 若为担保预订，须问询并登记宾客的信用卡卡号。
>
> 若酒店为宾客提供接机或接车服务，须告知此项服务是有偿服务。
>
> 若酒店不能为宾客提供预订服务，预订员应婉拒客人，同时向客人提出更改房间类型等建议。此外，可在宾客应允之后，将宾客的信息登记在“候补客人名单”上，有空房时，立即告知客人。

SHUNHE　**客房预订单**　0004899

SHQT-001　　　　20　年　月　日　时　分

<table>
<tr><td>订房方式</td><td></td><td>预订号</td><td></td><td>新预订</td><td></td><td>更改</td><td></td></tr>
<tr><td>客人姓名</td><td colspan="7"></td></tr>
<tr><td>入住人数</td><td>人</td><td>男</td><td>人</td><td>女</td><td>人</td><td>孩</td><td>人</td></tr>
<tr><td>入住时间</td><td colspan="2">月　日　时</td><td>离店时间</td><td colspan="3">月　日　时</td><td>天</td></tr>
<tr><td colspan="2">房型</td><td>数量</td><td colspan="2">房价</td><td>折扣</td><td colspan="2">实际房价</td></tr>
<tr><td colspan="2"></td><td></td><td colspan="2"></td><td></td><td colspan="2"></td></tr>
<tr><td colspan="2"></td><td></td><td colspan="2"></td><td></td><td colspan="2"></td></tr>
<tr><td colspan="2"></td><td></td><td colspan="2"></td><td></td><td colspan="2"></td></tr>
<tr><td colspan="2"></td><td></td><td colspan="2"></td><td></td><td colspan="2"></td></tr>
<tr><td>预排房号</td><td colspan="7"></td></tr>
<tr><td>订房单位</td><td colspan="2"></td><td>订房人</td><td></td><td>签字有效人</td><td colspan="2"></td></tr>
<tr><td>付款方式</td><td colspan="2"></td><td>付款人</td><td colspan="4"></td></tr>
<tr><td>联系电话</td><td colspan="2"></td><td>保留至</td><td colspan="4">月　日　时　分</td></tr>
<tr><td>何处来</td><td colspan="2"></td><td>去何处</td><td></td><td>交通工具</td><td colspan="2"></td></tr>
<tr><td colspan="8">备注</td></tr>
</table>

订房人：　　　　接待员：　　　　录入员：

图 2-1　酒店预订单

### 5. 完成预订

表示感谢，如“王先生，感谢您的预订，期待您的光临！”把预订表中的预订信息输入到计算机管理系统中（图 2-2），并把预订表整理归档。

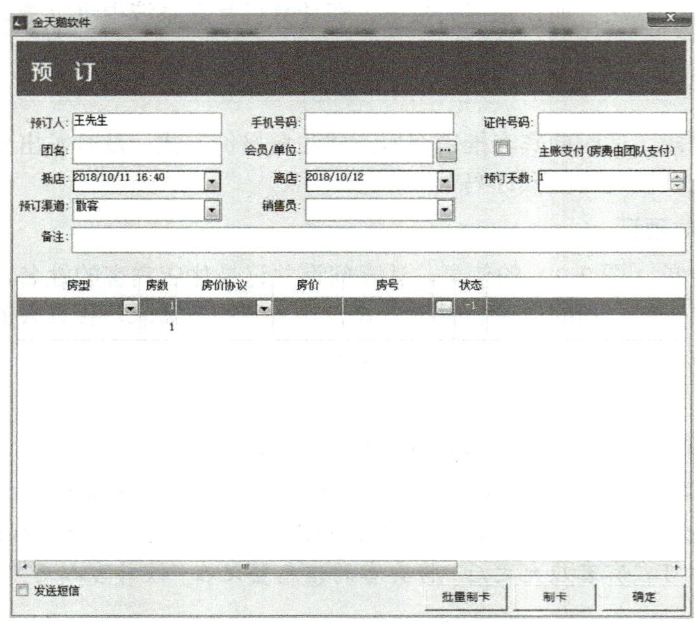


图 2-2　预订信息输入计算机管理系统

**!注意事项：**

在预订时，对于不能马上回复的客人，应请客人留下联系方式，查清后予以通知。

试一试

当张先生来电预订时，酒店如果没有朝南的大床房了，但还有朝南的商务间，小王应如何做呢？

## 二、受理网络预订

想一想

某日小王接到了一个电话预订，客人在预订完成后向他抱怨说酒店电话总是占线，小王致歉后向他推荐了网络预订。那么，什么是网络预订呢？

随着互联网的发展，网络成了人们的必备品，网络预订被广泛应用于各行各业。网络预订的特点是方便快捷、经济、先进。目前酒店产品的预订方式大多采用酒店网站预订服务、酒店微信公众号预订服务以及综合性商务网站预订服务。受理网络预订的流程如下：

### 1. 发布酒店产品信息

酒店产品的信息应正确无误，根据酒店的相关政策要求及时更新产品信息，不能出现陈旧的信息，以防给酒店造成不必要的损失。

### 2. 关注网络信息

由于网络预订的时间不受限制，宾客随时都有预订需求，客服人员必须及时提供相关

服务，时刻留意网络信息。

**3. 及时反馈预订信息**

接到网络订单后，应及时确认与反馈信息，如有重复预订、房满等情况应及时联系宾客。

**4. 处理订单**

将网络预订信息打印出来，留存备用。

试一试

小王所在的酒店安排小王负责在某票务网站上发布预订信息并受理来自该网站的预订，如果你是小王，你需要负责哪些工作？

## 三、预订变更处理

想一想

某日，蔡先生致电酒店总台预订了四间标准间，预计五日后晚上 8 点前抵店。第二天，另一位先生来电称是蔡先生的朋友，由于行程有变动，要求将抵离日期分别延后一日，实习生小王受理了他的变更预订请求。处理预订变更的流程是怎样的呢？

在客人未抵店之前可能产生取消订房或临时改变预订日期、人数等状况。在处理客房预订的更改和取消时，预订员应有耐心且高质量地进行对客服务。

**1. 变更预订的处理程序与标准**

在接到客人要求变更预订的申请后，预订员应先查看有关预订记录，确定是否能够满足客人的变更要求。如果可以，则予以确认。如果不能满足客人的变更要求，预订员应将酒店的情况如实告知客人，并与之协商解决。

（1）接到客人变更预订的通知后，询问需要变更预订的客人的姓名、原始抵离日期、更改后的日期、有无其他变更要求等。

（2）确认变更前，查询新日期当天的客房出租情况，有空房时，为客人确认变更预订，并在计算机管理系统中更改预订信息。还要备注变更预订的代理人姓名及联系方式。

（3）如果客人需要变更的日期当天酒店客房已订满，应及时向客人解释，并告知客人其预订将被暂放在等候名单中，有空房时会及时与客人联系。

（4）变更预订完成后，再跟宾客确认一遍更改信息，并感谢客人的及时通知。未确认时，感谢客人的理解与支持。

**2. 取消预订的处理程序与标准**

由于各种临时出现的原因，客人可能会在抵店之前取消订房（图 2-3）。预订员在接受客人取消预订时，应按以下方法正确处理：

（1）接到客人取消预订的通知后，询问取消预订客人的姓名、抵离日期。

（2）确认取消预订，记录取消预订代理人的姓名及联系方式，并请客人提供取消单号。

（3）感谢预订人及时告知酒店取消预订，询问客人是否需要做另一阶段的预订，同时，将取消预订的信息输入酒店计算机管理系统。

（4）将取消预订单放在原始预订单上面，订在一起，按日期、客人姓名排序，将取消单放在档案夹中的相应位置。

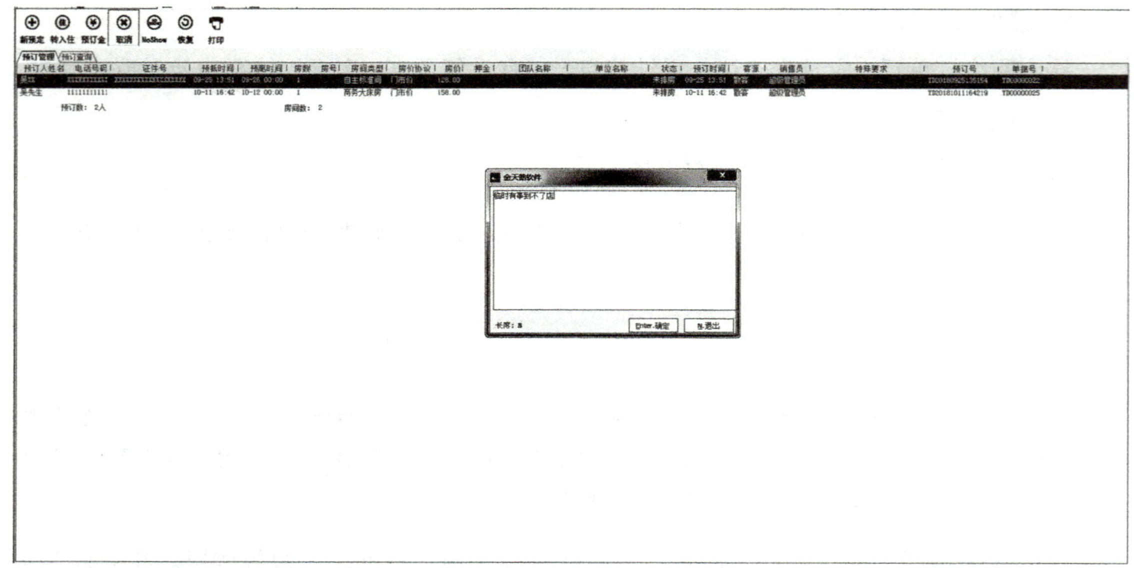

图 2-3　取消预订

试一试

小王更改了蔡先生的预订，然而，蔡先生一行人却按照原始预订日期抵店。此时酒店客满无法为他们办理入住。蔡先生十分生气，并进行了投诉。小王之前的处理有不妥之处吗？如果你是小王，该如何处理这件事？

## 四、抵店准备工作

想一想

酒店 VIP 客人温先生几日前预订了三间商务间。抵店当日，温先生与两位合作伙伴乘飞机来到该市，接机人员接到温先生一行人后将客人即将抵店的消息告知总台，温先生抵店时实习生小王上前迎接并尊称温先生名字，同时递上预先打印好的登记卡。温先生感到自己备受尊重，十分满意。在客人抵店前，总台服务人员需要做哪些准备工作呢？

客人抵店前的准备工作，大致分为三个阶段：

### 1. 信息通知

预订处应根据一周客情预测信息（图 2-4）和“VIP 客人接待规格审批表”（图 2-5）等信息在计算机管理系统中做好准备，使其他部门做好接待准备工作。

### 2. 总台预分客房

宾客抵店前，总台应根据次日抵店客人预订情况和次日预期抵达客人情况预先分配好房间。

### 3. 迎接宾客

通知大堂副理和迎宾处迎接宾客。

日期：____月____日至____月____日

| 日　期 | 星　期 | 抵　店 | 离　店 | 住　房 | 空　房 | 待 修 房 | 住房率（%） | 人　数 |
|---|---|---|---|---|---|---|---|---|
| | | | | | | | | |
| | | | | | | | | |
| | | | | | | | | |
| | | | | | | | | |
| | | | | | | | | |

送：总经理________餐饮部________大厅________　　本期平均住房率________

副总经理________客房部________问讯________

值班经理________商场部________开房________　　预订组制表人________

营业部________财务部________

安全部________工程部________

图 2-4　一周客情预报表

____年____月____日

| 团队名称<br>贵宾名称 | | | | | |
|---|---|---|---|---|---|
| 情况简介 | | | | | |
| 审批内容 | 1. 房费：<br>A. 全免　B. 赠送会客室一间　C. 房费按______折收　D. 按______元收费<br>2. 用餐：<br>在______餐厅用餐，标准______元 / 人<br>3. 房内要求：<br>A. 鲜花　B. 小盆景　C. 水果　D. 葡萄酒及酒杯<br>E. 欢迎信　F. ______名片　G. 礼卡　H. 酒店宣传册<br>4. 迎送规格：<br>A. 由______总经理迎送　B. 由______部经理迎送<br>C. 锣鼓迎送　D. 欢迎队伍______<br>5. 其他： | | | | |
| 呈报部门 | | 经办人 | | 部门经理 | |
| 总经理批署： | | | | | |

图 2-5　VIP 接待规格审批表

**试一试**　一日，酒店贵宾吴先生按照预订，搭乘航班来到某市。小王所在酒店的司机在机场接到吴先生并通知了总台小王。请问此时小王应当如何做好客人抵店前的准备工作？

## 模块实训

案例内容：某日，总台接到某客人的预订电话，他想订三天后的大床房。房间刚订好，他又打来电话，要求改为两日后入住。

实训内容：在老师的指导下，全班学生分组，根据案例内容分角色模拟散客电话预订服务。

实训要求：小组合作，快速规范，掌握散客电话预订的服务程序和技能。

实训时间：20 分钟 / 组。

## 考核评价

散客电话预订服务考核标准见表 2-1。

表 2-1　散客电话预订服务考核标准

考核时间：20 分钟　　考核总分：100 分

| 考核内容 | 考核要点 | 学生互评 | 教师评分 |
|---|---|---|---|
| 模拟脚本（24 分） | 1. 封面有课程名称、小组成员、日期等信息 | | |
| | 2. 情景内容介绍完整，场景清晰 | | |
| | 3. 情景内容重点突出，接待流程顺畅，思路清晰 | | |
| | 4. 字体、字号前后一致，层级分明 | | |
| | 5. 主题内容为原创 | | |
| | 6. 小组成员角色分明，协作有条不紊 | | |
| | 7. 有结束语 | | |
| | 8. 模拟以视频形式展示 | | |
| 仪容仪表（15 分） | 1. 着工装，服装整洁，鞋袜洁净，头发、指甲等均符合职业要求，佩戴工牌上岗 | | |
| | 2. 坐姿、站姿规范有礼 | | |
| | 3. 热情接待，礼貌服务 | | |
| | 4. 对话中用姓氏、头衔等称呼客人 | | |
| 接听电话（4 分） | 1. 铃声响起后 10 秒内接听电话 | | |
| | 2. 正确问候，同时报出部门名称 | | |
| 了解宾客需要（12 分） | 1. 认真倾听客人需求，并作重复问询 | | |
| | 2. 确认宾客抵离时间 | | |
| | 3. 询问宾客是否需要交通接送服务 | | |
| | 4. 提供所有适合宾客要求的房型信息 | | |
| 销售客房（12 分） | 1. 正确描述房间的位置、大小、房内设施等 | | |
| | 2. 如该日期无宾客要求的房型，应主动提供其他选择 | | |
| | 3. 说明房价及所含服务内容 | | |
| | 4. 提醒注意事项 | | |
| 填写表单（12 分） | 1. 询问宾客的姓名及其拼写 | | |
| | 2. 询问宾客的地址及联系方式 | | |
| | 3. 提供预订号码或预订姓名 | | |
| | 4. 说明酒店入住的有关规定 | | |
| 复述核对（2 分） | 重复确认预订的所有细节 | | |
| 变更预订的处理（12 分） | 1. 查询当天的客房出租情况 | | |
| | 2. 填写预订单 | | |
| | 3. 备注变更预订的代理人姓名及联系方式 | | |
| | 4. 再次确认更改后的信息 | | |
| 道别（5 分） | 1. 向宾客礼貌致谢 | | |
| | 2. 宾客挂断电话后再挂电话 | | |

（续）

| 考核内容 | 考核要点 | 学生互评 | 教师评分 |
|---|---|---|---|
| 办理时间（2分） | 办理时间一般不能超过3分钟 | | |
| 总分 | | | |
| 教师评语 | | | |

注：总分＝学生互评分×30%+教师评分×70%。满分为100分，60分以下为不合格，60～74分为合格，75～85分为良好，85分以上为优秀。

## 知识加油站

### 预订的种类

**1．临时性预订**

临时性预订是指客人在抵店前很短的时间内或抵店当天联系酒店进行的预订，是预订种类中最简单的一种。由于时间仓促，对于此类预订客人，酒店只能给予口头确认，没有足够的时间要求客人预付订金或给客人以书面确认。

当天的临时性预订一般由酒店总台接待员受理。受理时，预订员的一般做法是，复述客人的订房要求，确认客人抵店时间以及航班或车次，提醒客人客房的最晚保留期限。

**2．确认性预订**

确认性预订是指通过书面或口头的形式确认过的预订。

由于向确认性预订的客人收取欠款的风险较小，酒店可给予一定的信任，但依然有权在超出客房保留时间后把该客房出租给其他客人。

**3．保证性预订**

保证性预订是指客人向酒店保证前来住宿，当违反承诺时需承担经济赔偿的预订。

保证性预订分为预付款担保、信用卡担保和合同担保。保证性预订的客人会享受一到店即可拥有房间的服务。若酒店不能提供该服务，需要遵照“第一夜免费制度”为客人代付第一夜房费及其他费用。

**4．Walk-in**

此类预订即订完后直接办理入住。

# 模块二　受理团队预订

## 学习情景

在资深员工的帮助以及自身的努力下，小王工作起来已经越来越得心应手了。这天，小王接到酒店营销部通知，某公司为10名员工组织了一次本地二日游，请小王帮忙安排一下他们的住宿。为确保该团队预订准确无误，小王主动请教资深员工，在资深员工的帮助下，为该公司办理了团队预订。

## 应知应会

想一想 小王是如何为团体客人办理团队预订服务的？团队预订服务的流程和要求是怎样的？

旅行社、团队等组织和单位通常采用书面预订方式进行预订，其特点是方便快捷、准确正规。书面预订方式一般包括传真、信函等。处理预订的流程如下：

### 1. 仔细阅读

接收到团队的传真、信函预订后要及时认真阅读，分析宾客的预订需求，如有特殊情况应及时和宾客联系。

### 2. 落实需求

根据宾客的预订要求，在计算机管理系统（图2-6）中浏览并查询信息，以确认是否可以接受订单，如果可以，应填写预订单。

图2-6 某酒店计算机管理系统图

### 3. 回复预订

采用与散客预订时同样的方式对客人的预订进行回复，明确预订情况。

### 4. 整理团队预订资料

将团队预订资料分类整理，并及时更新，确保信息的准确性和有效性。

（1）将团队客人的预订资料按时间顺序整理，最新的资料放在最上面；将取消的资料存放在资料柜中的取消档中。

（2）核对计算机管理系统中的预订资料，包括团队数、团队名、国籍等信息。查看客人有无特殊要求，涉及凌晨到达的车次及航班，要弄清具体的抵达日期。

（3）将预订信息存入计算机管理系统中。将书面预订资料打印后作为附件，一并进行管理。

**5. 制作团队接待通知单**

根据团队预订信息准确无误地填制“团队接待通知单”（图 2-7），并在团队退房后按类归档。

（1）调出团队的预订资料，将抵离店时间、车次、国籍等预订信息按接待通知单格式输入计算机管理系统。

（2）按规定格式建立团队的总账单及分账单。当组团单位和接团单位为同一单位时，按接待单位的要求确定建立总账单的类别和个数。

（3）逐项检查，仔细核对所有信息，确保信息准确无误。

（4）打印“团队接待通知单”。

（5）发出“团队接待通知单”。

（6）归档留存。

**团队接待通知单**

| 团队名称 | | | | 入住房号 | | | |
|---|---|---|---|---|---|---|---|
| 抵/离时间 | | | | | | | |
| 付款方式 | | | | | | | |
| 人数 | 客人 | 男 | | | 女 | | |
| | 陪同人员 | 男 | | | 女 | | |
| 用房量 | 标准间 | | | 客房布置及要求 | | | |
| | 单人间 | | | | | | |
| | 套房 | | | | | | |
| 房费 | 标准间 | | 元/间天 | 合同价 | 标准间 | | 元/间天 |
| | 单人间 | | 元/间天 | | 单人间 | | 元/间天 |
| | 套房 | | 元/间天 | | 套房 | | 元/间天 |
| 餐饮 | 餐别 | 早餐 | 午餐 | 晚餐 | 注意事项 | | |
| | 标准 | | | | | | |
| | 总人数 | | | | | | |
| 备注 | | | | | | | |
| 前台确认 | | 客房确认 | | | 厨房确认 | | |

图 2-7　团队接待通知单

**6. 完成团队抵店前准备工作**

根据团队接待规范流程，提前落实事宜，完成客人抵店前的各项准备工作。

（1）检查并整理团队预订资料。查看预订信息中的主要内容，了解客人的特殊要求。注意把店内通知单与接待单位的预订资料分别装订。

（2）控制好具体房号，做好用房分配表，确保其符合预订要求及接待规格，避免与客人产生冲突。

（3）制作团队房卡。

（4）制作团队钥匙信封。

（5）准备内部运作资料，包括团队一览表、离店表、团队确认书、VIP 团队名单等。

（6）对团队进店前的准备工作进行逐项检查。

试一试 经过一段时间的实习，小王已经可以独立处理散客预订和团队预订了，他想在工作心得中总结一下处理散客预订与团队预订服务在流程和内容方面的异同以及注意事项，请你帮他完成这份总结。

## 模块实训

实训内容：在老师的指导下，全班同学分组，根据团队书面预订函（图 2-8），处理书面预订并撰写酒店答复函。

实训要求：小组合作默契，程序完整，掌握团队书面预订的服务程序和技能。

实训时间：20 分钟 / 组

TO：XXX 酒店销售部　　FROM：XXX 旅行社
收件人：姚经理　　发件人：李丽
FAX：010-12345678　　FAX：0531-87654321
TEL：010-12345987　　TEL：0531-87650000

姚经理：

你好！我社现需预订贵酒店住房：
11 月 25 日入住，11 月 30 日 12:00 前退房，共计 5 晚
其中标准间 25 间，房价 580 元，计 25×580 元 =14 500 元（含早）
大床房 5 间，房价 560，计 5×560 元 =2 800 元（含早）
费用合计：14 500 元 +2 800 元 =17 300 元（房款总台现付）
客人姓名：贾亮　电话：13858326718
请客人报姓名及电话入住

如无异议，请回传确认，谢谢！

梦之旅旅行社
李丽
2019 年 10 月 30 日

图 2-8　预订函

## 考核评价

团队预订服务考核标准见表 2-2。

表 2-2　团队预订服务考核标准

考核时间：20 分钟　考核总分：100 分

| 考核内容 | 考核要点 | 学生互评 | 教师评分 |
|---|---|---|---|
| 酒店答复函（18 分） | 1. 分析预订需求，确认是否可以接受订单 | | |
| | 2. 填写预订单 | | |
| | 3. 信函开头有称谓，并使用尊称，有问候语 | | |
| | 4. 正文明确列出预订信息、注意事项、确认号、付费方式等 | | |
| | 5. 结尾有祝颂语，并有落款和日期 | | |
| | 6. 采用与宾客预订时同样的方式回复预订 | | |
| 特殊情况处理（2 分） | 房间不足，无法接受订单的情况处理 | | |

（续）

| 考核内容 | 考核要点 | 学生互评 | 教师评分 |
|---|---|---|---|
| 预订手续（8分） | 1. 为抵店团队按顺序编号 | | |
| | 2. 准确、无漏项、迅速地输入团队资料，包括组团单位、人数、用房数、费用报价、房价等 | | |
| | 3. 将团队编号写于右上角 | | |
| | 4. 将抵店日期和团队编号存档 | | |
| 核对团队预订信息（10分） | 1. 将团队资料按时间顺序排列 | | |
| | 2. 与计算机管理系统核对资料和团队数 | | |
| | 3. 与本地接待单位核对团队信息，包括团队名、人数、用房数、抵离店日期、国籍、在店用餐情况、特殊要求等 | | |
| | 4. 记录核对的信息 | | |
| | 5. 将资料存入资料夹中 | | |
| 制作团队接待通知单（10分） | 1. 准确调出团队资料 | | |
| | 2. 准确建立团队总账单及分账单 | | |
| | 3. 打印字迹清楚的团队通知单 | | |
| | 4. 向总台收银、客房中心等部门分发团队通知单 | | |
| | 5. 将签收后留存的团队通知单与该团资料归类汇总 | | |
| 团队抵店前的准备（28分） | 1. 控制具体房号，做好用房分配表 | | |
| | 2. 制作团队房卡 | | |
| | 3. 将房卡装入相对应的房号信封内 | | |
| | 4. 准确填写团队一览表、离店表 | | |
| | 5. 制作团队确认书并标明用餐地点 | | |
| | 6. 在团队领队房放置VIP水果、鲜花 | | |
| | 7. 制作VIP团队名单，递交大堂 | | |
| 小组展示（24分） | 1. 积极参与 | | |
| | 2. 讲述或发言时要有礼有节，声音响亮、清晰 | | |
| | 3. 组内成员互相尊重，配合默契 | | |
| | 4. 精神饱满，自信、自然，面带微笑，能较好地运用姿态、动作、手势、表情，清晰地表达内容 | | |
| | 5. 表演完整、顺畅，表演形式不落俗套、有创意 | | |
| | 6. 语言表达得体、流利，无口头语 | | |
| | 7. 具有有吸引力的开场白和总结性的结尾 | | |
| | 8. 小组展示时间控制得当 | | |
| 总分 | | | |
| 教师评语 | | | |

注：总分=学生互评分×30%+教师评分×70%。满分为100分，60分以下为不合格，60～74分为合格，75～85分为良好，85分以上为优秀。

## 知识加油站

### 超额预订及对预订失约行为的处理

**1．超额预订**

由于部分客人可能临时取消预订，酒店会出现客房闲置的情况。超额预订是指酒店为了避免出现这种情况，在满额预订时，适当增加客房预订数量的经营行为，一般酒店某一类房型的超额预订比例在 10% 以内。

实施超额预订时，需要考虑的因素很多，包括：根据预订情况分析的订房动态、酒店在市场上的信誉、团体预订与散客预订的比例、本地区有无同档次的酒店、预订类别之间的比例、根据以往订房资料的统计数据测算出的超额预订量等。

超额预订率 = 超额预订量 ÷ 可供客房数 ×100%。

**2．预订失约行为及其处理**

具体而言，各酒店应根据各自的实际情况，合理掌握超额预订的度，以免出现因“过度超额”而不能使客人入住，或“超额不足”而使部分客房闲置，都属于预订失约。如果因超额预订而不能使客人入住，酒店应按照国际惯例进行妥善处理。

（1）预订失约行为产生的原因及表现（表 2-3）。

**表 2-3　预订失约行为的产生原因及主要表现**

| 原　因 | 主 要 表 现 |
|---|---|
| 预订过程出现错误 | 客人姓名拼写错误、抵离日期错误、项目遗漏、存档顺序混乱、预订的变更或取消处理不当等 |
| 部门沟通不畅 | 酒店内部各部门缺乏沟通，酒店服务人员缺乏沟通意识和合作精神 |
| 不了解销售政策 | 预订员对销售政策缺乏认识和了解 |
| 无精确统计信息数据及过度实施超额预订 | 过高预估了预订不到客人、临时取消客人以及提前离店客人的用房数，过低预估了延期住店客人的用房数等 |
| 未能准确掌握可售房的数量 | 客房预订处与接待处、营销部、预订中心以及预订代理处的沟通不及时；客房预订处和客房部的客房状态显示出现差异等 |
| 预订员没有真正领会客人的预订要求 | 客人与预订员对于前厅术语的理解不一致；预订员业务素质不高或因疏忽未能最终落实客人的预订要求 |

（2）预订失约行为的处理方法。首先应立即向客人道歉，请求原谅。然后为客人预订高于本酒店规格的临近酒店，房费差额由酒店承担，当有空房时，第一时间告知宾客，在征得宾客同意的前提下，接宾客回酒店入住。若客人属于保证类预订，则还应主动送客人去往为其预订的酒店，并为客人提供该酒店第一夜的房费、一到两次的长途话费或传真费，在次日排房时，陪同客人办理入住手续。

## 思考题

**一、填空题**

1．预订的方式包括__________、__________、面谈预订、书面预订。

2．预订的方式多种多样，有__________、确认性预订、保证性预订等类型。

3．完成团队抵店前准备工作，需准备内部运作资料，包括团队一览表、__________、__________、__________等。

**二、判断题**（正确的打“√”，错误的打“×”）

1．在处理预订失约行为时，可以为客人提供永久免费的长途话费或传真费，以方便客人将临时改变住处的信息告诉有关方面。（　　）

2．一般酒店某一类房型的超额预订比例在 20% 以内。（　　）

3．受理团队预订时，应采用与宾客预订时同样的方式对客人的预订进行回复。（　　）

4．受理团队预订后，预订员的下一步工作便是整理团队预订资料。（　　）

## 三、简答题

1．散客客房预订的程序可概括为哪几个阶段？

2．预订员在受理电话预订时，应注意哪些细节？

3．预订失约行为产生的原因有哪些？

4．实施超额预订时，需要考虑的因素有哪些？

# 学习单元三 掌握礼宾服务

## 单元指南

通过本单元的学习，学生将熟练掌握迎宾员与行李员的工作职责，熟悉委托代办服务内容，理解金钥匙服务的内涵，使学生能在今后的工作中为客人提供更优质的服务，成为一个优秀的前厅服务人员。

**重点** 迎送服务、行李服务　　**难点** 委托代办服务

# 模块一 做好迎送服务

## 学习情景

2月19日，小王上夜班，在交班核对预订的过程中，发现有一个重汽亚澳部的小团队要在凌晨1:00抵达酒店。根据以往的经验，重汽亚澳部的客人一般都是来自东南亚一带的外宾，而且凌晨1:00到，肯定是刚下飞机。想到客人们一路奔波才到达酒店，小王便早早地将团队的房卡做好，以节省办理入住的时间，让客人们能早点休息。另外，堂吧晚上11:30就下班了，客人们入住时肯定没有茶水喝，于是小王跟堂吧的同事交接好，保温壶里留了一些大麦茶，这样可以在客人们抵店后上一些热茶，让客人们感受一下家的温馨。

凌晨1:10，客人们拖着大大小小的行李箱到达酒店。在同事扫描护照办理入住的过程中，小王给客人们送上一杯杯温暖的大麦茶，客人们非常感动，虽然小王没有听懂客人们讲什么，但从客人们的笑容里可以看出他们对酒店服务质量的肯定。

## 应知应会

### 一、店外迎宾服务

小王在酒店担任怎样的职务？他的职责是什么？

酒店的迎宾服务分为酒店外迎宾服务和酒店内迎宾服务。店外迎宾服务是礼宾员在机场、码头、车站迎送宾客，因此店外迎宾员（图3-1）又被称为“机场代表”，是代表酒店

欢迎宾客的第一人。

图 3-1　店外迎宾员

店外迎宾服务程序如下：

## （一）宾客抵达前的准备工作

### 1．确认宾客抵达的准确时间

机场代表应掌握酒店当日及次日的宾客情况。根据“宾客接车通知单”核对客人姓名、人数、所乘航班号、接待规格等信息。应向机场、码头、车站的问讯处问清客人所乘交通工具确切的到达时间。

### 2．安排迎接车辆

根据迎接宾客的人数及规格要求，订好车辆，与司机商定接站时间及地点，确保提前半小时抵达接站地点。

### 3．联系行李员

在宾客出站前应与行李员联系，告知行李的送往地点。

### 4．备好接站标志

机场代表应持接站牌在出站口醒目位置等候，接站牌上要有酒店标志，须写清接待宾客的姓名（如是团队则写领队姓名）、宾客的客源地或单位。

## （二）宾客到达后的服务

### 1．认找宾客

机场代表在出站口醒目位置等候宾客，根据了解到的宾客信息主动认找宾客。

**注意事项：**

出现误接或漏接宾客等现象时，应立即与酒店联系，查看宾客是否已抵店或改变行程。

### 2．核实信息

找到宾客后，机场代表应热情问候，主动介绍自己，对宾客表示欢迎，并根据宾客名单确认其身份，防止错接。

**注意事项：**

若接待的是团队宾客，发现人数有变化时，应及时通知酒店。

3. 行李服务

问清宾客行李件数，帮助宾客搬运行李时要先检查行李是否完整无破损，确认无误后，挂好行李牌，引领宾客上车。

**注意事项：**

若发现行李有破损，应协助宾客到相关部门办理行李赔偿申报手续。

4. 引领登车

登车时，机场代表应站在车门旁，微笑服务，向需要帮助的宾客提供服务，上车后检查行李是否放稳，请宾客坐稳扶好。

### （三）回酒店途中

（1）根据宾客的疲劳情况，适当为其讲解沿途风情，介绍酒店概况等。

（2）通知酒店总台有关宾客到店的信息，告知大致的到店时间，确认用房是否有变化等。

### （四）做好交接服务

抵达酒店后，与行李员做好行李交接服务，带领宾客到总台办理入住手续。与宾客分别时预祝宾客住店愉快。

**注意事项：**

宾客离店时，应确认客人姓名、所乘航班、离店时间、行李件数及其他要求等；协助宾客托运行李和办理相关手续；与宾客告别时，感谢客人光顾，欢迎客人再次光临。

小王被安排做机场代表，某日，他遇到一个来自欧洲的老年旅行团，由于他们将要下榻的酒店并没有提供接机服务，一行人守着行李有些不知所措。如果你是小王，此时距离你要接机的客人抵达还有近 4 小时，你会怎么做？

## 二、店内迎宾服务

一天，一辆载着两位男士的汽车停在了酒店门前，实习迎宾员小王在车停稳后马上上前，他注意到这两位男士身着僧袍，推测他们是佛教徒，于是马上用标准的动作为他们打开车门，面带微笑进行简单问候，并没有为客人们护顶。小王为什么不为这两位男士护顶呢？

酒店内迎宾员是代表酒店在正门口迎送宾客的专门人员，又称为“门童”（图 3-2），主要承担迎送宾客，调度车辆，协助保安、行李员等工作。

图 3-2　店内迎宾员

店内迎宾服务程序如下：

**1. 了解当日抵店宾客情况**

根据酒店的当日抵店宾客名单、交接记录等了解当天抵店宾客的客流量，为客人提供相关服务。

**2. 引导车辆**

将宾客所乘车辆引导到方便宾客进酒店的地方再停下，注意不能影响酒店交通。

**!注意事项：**

若宾客乘坐的是出租车，应等宾客付完车费后再开车门。同时要记录下出租车的牌号，方便宾客寻找不慎遗失的物品。

**3. 护顶服务**

开车门时，应观察车内宾客乘坐位置，待车停稳后，迎宾员应用左手将车门拉开 70°，右手挡在车门上沿，为宾客护顶，防止宾客下车时碰伤头部。

关车门时，应等宾客完全下车后再关闭车门，同时应观察车内是否有遗留物品。

**!注意事项：**

开车门的原则是先女宾后男宾，先外宾后内宾，先老人后小孩。对于伊斯兰教徒、佛教徒须免护顶服务。

**4. 问候宾客**

宾客走下车时，礼貌问候，表示欢迎。

视频 3-1　护顶服务

**5. 行李服务**

适时提供行李服务，注意检查有无遗漏物品。

**6. 请宾客进店**

引领宾客进入酒店。

**试一试**　某日小王遇到一位想要带宠物进入酒店的客人，客人向他再三保证宠物打过疫苗绝不伤人。如果你是小王，你会如何处理？

## 三、店内送客服务

某日，酒店客人曹先生夫妇离店，实习迎宾员小王为他们安排了宾客用车送他们去机场。由于只有两人，小王便为他们安排了一辆小车，没想到这对夫妇带了 4 个大行李箱和 2 个小登机箱，汽车根本装不下。曹先生夫妇十分不高兴。小王哪一环节的工作疏忽，导致了如此尴尬的场面？

宾客离开酒店的最后一个环节是迎宾员的送客服务。迎宾员应根据酒店的当日离店宾客表了解客流情况，做好送客准备工作。其服务程序如下：

**1．问候宾客**

迎宾员应着装端正，站姿标准，站在酒店大门一侧，面带微笑，目视前方，用余光环顾酒店大堂来往客人情况，向将要走出酒店的宾客主动问候。若确定为离店宾客，则应主动道别，如“王先生 / 女士，再见，祝您平安顺利”。

**2．招呼宾客用车**

根据宾客的情况，为宾客召唤用车，将车引领至宾客方便上车且不影响装行李的位置。若召唤的是出租车，则应告知司机宾客前往的目的地。

**3．协助装行李**

协助行李员将行李放到汽车后备厢里，请宾客核对行李件数，确认无误后关上后备厢。

**4．请宾客上车**

打开车门，请宾客上车，一般情况下先开右后门。同时为宾客提供护顶服务，待宾客坐稳后关上车门，切记不能夹到宾客的衣物。

**5．礼貌送别**

站在汽车斜前方约 1 米的位置向宾客挥手道别，目送宾客离店，引导车辆驶出酒店。

某日，一对老夫妇离店，如果你是门童小王，你会如何为他们提供服务？

## 模块实训

案例内容：一天，酒店迎接从上海来的一行三人，是一位女士和两位男士，其中一位男士穿着僧徒的服装。机场代表到机场迎接，酒店安排奥迪车迎接三人回酒店。

实训内容：在老师指导下，全班学生根据案例内容，分组模拟酒店的机场迎宾服务。

实训要求：各小组根据案例内容，按照迎宾服务的流程完善接待计划，进行模拟，并拍成视频。

实训时间：30 分钟 / 组

## 考核评价

机场迎宾服务考核标准见表 3-1。

**表 3-1　机场迎宾服务考核标准**

考核时间：30 分钟　　考核总分：100 分

| 考核内容 | 考核要点 | 学生互评 | 教师评分 |
|---|---|---|---|
| 脚本<br>（18 分） | 1．机场代表迎接准备完善<br>2．迎接方式快速有效 | | |
| 仪容仪表<br>（12 分） | 1．男服务员不留胡须，女服务员化淡妆 | | |
| | 2．不佩戴醒目奇特饰物 | | |
| | 3．不留长指甲，不涂有色指甲油 | | |
| | 4．服务牌戴在外衣左上方，服装整洁得体，无褶皱，纽扣齐全 | | |
| 仪态<br>（8 分） | 1．走姿规范有礼 | | |
| | 2．站姿正确 | | |
| 迎接准备<br>（15 分） | 1．准备接站牌 | | |
| | 2．接站牌上写上来宾姓名和明显特征信息 | | |
| | 3．站在显眼的接待位置 | | |
| 主动迎宾<br>（35 分） | 1．帮忙提行李，引领宾客上车 | | |
| | 2．上车护顶服务 | | |
| | 3．沿途风情介绍、酒店介绍 | | |
| | 4．下车护顶服务 | | |
| | 5．开车门顺序 | | |
| | 6．提醒宾客带好随身物品 | | |
| | 7．记下车牌号 | | |
| 道别<br>（4 分） | 礼貌地与宾客道别 | | |
| 善后工作<br>（3 分） | 填写登记表 | | |
| 拍摄成品<br>（5 分） | 拍摄并简单制作成品 | | |
| 总分 | | | |
| 教师评语 | | | |

注：总分 = 学生互评分 ×30%+ 教师评分 ×70%。满分为 100 分，60 分以下为不合格，60 ～ 74 分为合格，75 ～ 85 分为良好，85 分以上为优秀。

## 知识加油站

### 迎宾服务富有人情味

某天，小王发现在酒店广场的鱼池东侧有两位客人。其中一位是一个小男孩，他神情忧郁，眼睛紧盯着鱼池，嘴里似乎还在说着什么。紧靠在他身边的是一位老太太，她双手撑着鱼池的边缘，挤着眼睛也在努力地朝鱼池里看，神情有些焦虑。平时老人带小朋友来这里看鱼时，都是很开心的样子，今天这两位客人为什么会出现这样的神情？莫非鱼池内有什么异样？

想到这里，小王面带微笑地走到这祖孙俩身边，询问道："你好啊小朋友，有什么可以帮助你们的吗？"小男孩似乎有些羞怯和畏惧，起身躲到了奶奶的身后。这时老人也直起了身子说道："哎，小孩子顽皮，在鱼池边玩小汽车，结果一不小心玩具掉进了水里，这不自己也后悔得不得了。""哦，原来是这样。"小王想了一下对小男孩说："这样吧，叔叔帮你把小汽车捞上来怎么样？"说罢小王快速走到礼宾台，脑子里飞快地思索着用什么东西可以将玩具捞上来。小王突然想到西耳房放着一盘铁丝，于是他用钳子弯了一个小钩子，回到鱼池边关掉了潜水泵的电源，准备帮小朋友将玩具捞上来。经过一阵打捞，终于将玩具勾了上来，在将它提出水面放在池边的那一刻，三人的脸上都露出了舒心的笑容。

第二天，这对祖孙俩退房，小男孩走上前羞涩地将一张纸递给了小王。送他们离开后，小王展开了那张纸，那是一张置于房内的客人意见调查表，上面写道："门童服务特好，小朋友把玩具车掉在门前水池里，门童费了很大劲给捞了上来，表示感谢！小朋友让说声谢谢！"在调查表中的"您是否会再次光临本酒店"一栏内选了三项，其中的一项是"服务富有人情味"。

工作中事无巨细地为客人服务，用真情打动每一位客人，让客人随时感受到酒店给予的温暖与关怀，这样才能真正留住客人的心。

# 模块二　提供行李服务

## 学习情景

8 月 10 日早班，实习行李员小王看见一位女士拉着行李进来，他连忙迎上去，原来是上次来住过的网络预订客人牛女士。小王赶紧主动接过行李，寒暄之后，引导牛女士办理入住登记手续。因为上一位客人刚退房，还没打扫好，于是登记后小王便带她去休息区等候。与堂吧交接之后，小王就先去忙其他事情了。

过了一会儿，小王发现牛女士正聚精会神地看书，书里面夹着一个很漂亮的书签，她每次翻页的时候都会看看它。房间卫生整理好后小王便送牛女士回房间，路上跟她交流时，牛女士讲起她平时喜欢收集一些小玩意做纪念。小王突然想起以前酒店专门做过成套的书签送给客人，于是送完牛女士后小王便给房务中心打电话问询，房务中心回复说："还有，但是可能不是一整套了。"小王便赶紧去房务中心整理现有的书签，排好顺序后给牛女士送了过去。牛女士很吃惊地表示："你怎么知道我是一个书签迷？看到漂亮的书签我就喜欢收集。"小王说："刚刚看见你书中的书签很好看，感觉你很喜欢，所以便把我们酒店制作的书签送给你，希望你看见这些书签时想到济南，想到我们酒店。"牛女士很高兴地说："你们酒店的网上评价果然没有错！"

## 应知应会

### 一、散客行李服务

小王为牛女士提供了什么服务？他的服务流程和职责分别是什么？

在通常情况下，礼宾处位于酒店大堂一侧的醒目位置，这有利于行李员观察进出宾客的情况，同时便于与总台联系。行李员要根据预计当日抵店宾客名单和当日离店宾客名单，及时掌握当日酒店进出的宾客，尤其是 VIP 宾客、团队宾客，应及时有效地提供服务。

## （一）散客抵店行李服务

### 1. 主动迎客

向宾客表示欢迎，主动表达提供行李服务的意愿。

### 2. 卸下行李

卸行李时，要轻拿轻放；卸下行李后，清点行李的数量，检查行李是否有破损，与宾客确认行李情况，如“王先生您好，您共有 5 件行李，大件 3 件，小件 2 件，对吗？”

**!注意事项：**

> 贵重及易碎物品，须让宾客自己拿好。

### 3. 行李装车

装车时，应把重件、大件放在下面，轻件、小件放在上面；轻拿轻放。

### 4. 引领到总台

引领宾客前往总台时，应走在宾客左前方 1 米处，在拐弯处和人员多时，应回头向宾客示意。引领过程中应询问宾客的预订情况，如是否初次到店、是否有预订等。

### 5. 照看行李

宾客办理入住登记手续时，行李员应站在宾客身后约 2 米处照看行李，及时关注手续办理情况，听从接待员的提示。

### 6. 引领入房

宾客办理完入住登记手续后，引领宾客乘坐电梯前往客房，应主动接过宾客的房卡。

引领宾客乘坐电梯时，应走在宾客侧前方约 1 米的地方并示意，如“范小姐，这边请”。

到电梯口应先按电梯按钮，待电梯门开后，用左手护门，示意宾客先进电梯，自己后进。出电梯时，请宾客先出。乘电梯过程中，应适当为宾客介绍酒店的特色、新增服务等。

### 7. 介绍房间设施设备

在楼道中，应向宾客指明紧急出口方位（图 3-3），示意房间位置。到客房门口，先敲门三次，确认是“OK 房”后打开房门，请宾客先进。进入房间后，插卡取电（图 3-4），把行李放在行李架上。根据宾客是否首次到店情况及疲劳程度等简单介绍房间设施。

### 8. 礼貌离房

主动询问宾客是否还需要其他服务，若没有，则应礼貌地向宾客道别，如“王先生，祝您入住愉快”，退到房门处，轻轻将房门关上。然后迅速从员工通道回到礼宾台，在散客入住登记表上填好相关信息后准备下一个工作。

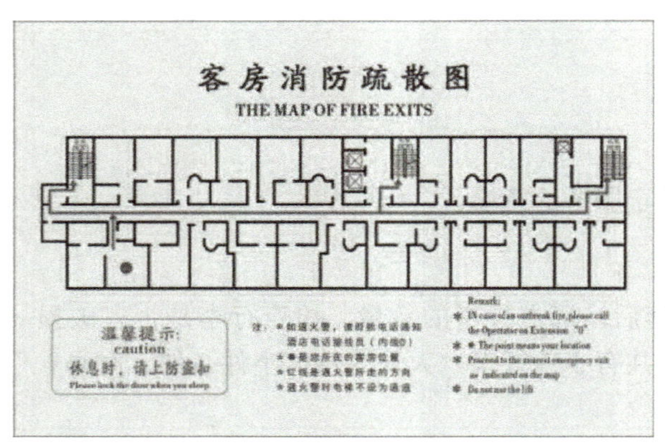


图 3-3　消防疏散图

图 3-4　插卡取电

## （二）散客离店行李服务

### 1．主动服务

根据当天离店宾客信息表准备行李服务。接收到宾客离店行李服务要求时，须问清宾客的房间号、行李件数、收取时间等，按照宾客要求迅速提供行李服务。

**注意事项：**

> 取行李时，要根据行李件数决定是否带行李车。

### 2．入房取行李

（1）如果宾客在房间内，行李员应敲门，通报自己的身份，经宾客允许后，进入客房。与宾客一起清点行李件数，检查行李是否有破损，填写行李卡并将其系在行李上。

**注意事项：**

> 进入客房后，应开着房门。
> 若宾客一同离开房间，应提示宾客不要遗忘物品。

（2）如果宾客不在房间内，应请楼层服务员打开房门，取出行李后清点件数并检查是否有破损，注意检查房内是否有宾客遗忘的物品。

### 3．确认退房

行李员到大厅后，应先到总台收银处确认宾客是否已经结账。若宾客尚未结账，应礼貌告知宾客收银处的位置。

### 4．行李装车

确认宾客已结账后再次与宾客清点行李件数，确认无误后，将行李装到车上（图 3-5）。

图 3-5　行李装车

### 5. 礼貌道别

向宾客道别，祝宾客旅途愉快并期待再次光临。回到礼宾台，填写散客行李离店登记表并签名。

**试一试**

某天早上，酒店来了一对老夫妇，小王马上上前接过老人的行李，并在与他们的寒暄中了解到这对老人是第一次来到本市。此时正逢多雨的季节，如果你是小王，你会如何礼貌地提醒这对老夫妇客房壁橱内有雨伞，并为他们提供其他贴心服务，让他们享受到宾至如归的住店体验呢？

## 二、团队行李服务

**想一想**

实习行李员小王某日为一个团队的客人分送行李，他按照要求将行李分送给客人，事后却收到了客人的投诉。原来，他将行李放入行李车的时候，把大的、重的行李放在下面，小的、轻的放在上面，导致行李分送过程十分混乱，有的客房甚至送了两次才将行李送完。客人只收到一件行李时，以为其余行李丢失，心中十分焦躁，所以才会投诉。小王分送行李的方法正确吗？

### （一）团队抵店行李服务

#### 1. 准备迎接

根据酒店营销部提供的大型团队入住信息表，提前掌握团队入住信息，如抵店日期、团队人数、团队名称等。备好行李车（图 3-6）和行李牌等物品。

图 3-6　行李车

2．清点行李

团队行李到店后，由团队负责人陪同行李员清点行李的件数、确认是否有破损等情况，并填写团队行李登记表，请团队负责人签字后，系好行李牌。

**注意事项：**

若行李有破损，须请团队负责人签字证实，并通知领班，以免日后引起客人的投诉。

3．分送行李

在为客人提供行李服务时，行李员应特别注意以下事项，避免因服务不当而引起客人的投诉。

（1）如果行李比宾客先到店，应码放整齐并用网罩住，以区别不同团队。

（2）如果行李和宾客一同到店，则根据分房名单表，按照“同团同车，同层同车，同房同车”的原则，将行李装到行李车上，要注意将大件、重件、硬件放在下面，小件、轻件、软件放在上面。

**注意事项：**

搬运行李时须小心，不能用力过大，更不允许用脚踢行李。

按照房号迅速地将客人的行李送到房间，进房后，将行李平稳地放在行李架上，并请宾客查看行李。经核对准确无误后，询问是否需要其他服务，若无，则向宾客道别，并离开客房。

分送行李后，请团队负责人签字确认行李已分送完毕。

**注意事项：**

若宾客想取自己的行李，行李员须确认宾客身份，以免拿错。

4．登记存档

分送完毕后，行李员应在团队行李登记表上记录所送行李件数并与抵店时的行李总数进行核对，确保无误后签字。签字后根据团队行李进店登记表上的时间存档。

## （二）团队离店行李服务

1．工作准备

根据团队离店信息表核对次日将要离店团队的团号、人数、房号等，做好行李服务的

工作安排。与团队接待处联系，确认团队离店的具体时间和取行李的时间。

**2．收取行李**

行李员按照团号、人数、房号收取行李。取行李时要备好行李车。

（1）团队负责人一般会提前通知宾客将行李放在门口并派专人照看行李。行李员取走时与专员确认行李件数。

**!注意事项：**

> 若房内有行李一般不能收取。

（2）若客房门口没有行李，宾客也不在房内，应尽快与团队负责人联系，不能擅自进房收行李。

**3．核查行李**

将收取的行李集中放好，每件行李都要系上行李牌，注明团队名称、房号、时间。

与团队负责人一起检查行李是否有破损，确认无误后请其签字，用网罩上。做好行李看管工作。

**4．行李装车**

行李运送车来拉行李时，行李员要与其核对好所拉行李的团队名称、团号，确认无误后，与相关负责人一起清点行李件数，注明车号并分别签字。

**5．做好记录**

返回礼宾部，填写团队行李登记表并交由领班存档。

**试一试**

某日，某旅行团向酒店要求了行李服务，实习行李员小王按照客人要求准时到达客人房间收取行李，并送到大堂。在旅行团办好退房手续离开后，客房服务员前去整理房间，发现某房间客人遗漏了一个小件行李，经过调查，原来是小王漏收了这件行李。

如果你是小王，此时应如何补救？

## 三、宾客换房行李服务

**想一想**

某天上午，1125 房间的孙先生来到总台，要求换一个光线充足、靠近电梯并且风景好的家庭套房。服务人员带其看了几间客房后，孙先生终于确定要 1206 房，并要求了行李服务。很快，行李员小王便接到了总台的通知。他领取了新房间的房卡后马上前往 1125 房，却发现孙先生一家行李太多，一次拿不完，最后还是孙先生帮忙一起将行李运送到了新房间。

小王的做法正确吗？

宾客在住店期间，可能出现换房的情况，如果宾客需要行李服务，应为其提供。换房行李服务的流程如下：

**1．接收换房信息**

行李员接到总台的换房通知后，应核实宾客的原房间号和新房间号，领取新房间的房卡。电话咨询宾客行李件数，视具体情况决定是否需要行李车。

**2．提取行李**

行李员到客房门口应先敲门并自我介绍，得到宾客的允许后再进入房间。

**注意事项：**

> 进房间后，须开着房门。

与宾客一起清点行李件数，将行李放在行李车上并提醒宾客检查一下是否有遗留物品。

**注意事项：**

> 一般要重点检查枕头下面、衣柜、卫生间、抽屉等处。

**3．引领至新房间**

行李员引领宾客到新房间时，应按进房要求操作，视具体情况介绍房间设施设备。把行李放在行李架上，并询问宾客是否需要其他服务。

**4．换取房卡**

将新的房卡交给宾客，收回原房卡。

**5．礼貌道别**

礼貌道别，退出房间。行李员返回大厅后应告知总台换房已完成，交还房卡，在换房行李记录表上做好记录。

**试一试**

某日，酒店住客前来换房，并要求了行李服务，小王很快来到住客的房间提取行李，并将客人引领至新房间，向客人介绍了房间设施，最后与客人礼貌道别，退出了房间。

请问，小王的服务流程正确吗？请你帮他指出问题。

## 四、行李寄存与提取服务

**想一想**

某日，一位客人要求从长期寄存的行李中取出一样东西。此时客人后面还有人在排队准备办理行李寄存手续。于是，小王把客人带进行李房，请行李房的同事帮助客人打开行李，便离开了。小王的做法得当吗？他应该如何做呢？

### （一）行李寄存服务

**1．确认宾客身份**

宾客要求寄存行李时，应先问清宾客是住店宾客还是外来宾客。然后询问宾客的寄存方式。行李寄存有三种情况：一种是住店宾客寄存物品，自己领取；一种是非住店宾客寄存物品，要求转交给住店宾客；还有一种是住店宾客寄存，其他宾客来取。

**注意事项：**

> 若寄存物品者是外来宾客，自己存取，则应拒绝。

**2．了解宾客的寄存需求**

了解宾客寄存行李的需求。通常情况下，有不超过 24 小时的短期行李寄存和超过 24

小时的长期行李寄存。

**3. 检查行李**

向宾客问清楚寄存的行李是否已上锁。并告知宾客行李中不能有贵重、易碎、易燃易爆等物品，若没有，方可寄存。寄存时要点清行李件数。

**4. 填写寄存卡**

寄存卡（图 3-7）一般有主联和副联，两联均需填写宾客姓名、房号、寄存时间等信息。请宾客在主联的签字处签名。把副联撕下来呈递给宾客并告知此联是提取物品的凭证。主联则系在宾客的行李上。

**注意事项：**

> 若宾客寄存两件物品，则应用绳子串系在一起。

№ 0000001

**行 李 寄 存 牌**

姓 名：
NAME: ______________________

房 间 号 码：
ROOM NO.: ______________________

行 李 件 数：
NO.OF ITEMS: ______________________

日 期：
DATE: ______________________

电话/TEL：
地址/ADD：

**注 意 事 项**

1、贵重物品不接受寄存。
2、提取寄存物品时，请出示寄存卡。
3、酒店有权将物品归还任何持卡人。
4、寄存卡如有遗失，寄存者须出示有效证件，确认行李内物品后方可归还。
5、酒店因上述因素所造成的损失不予赔偿。
6、酒店将对存放在礼宾部60天以上的任何物品不负有任何责任。60天无人认领的物品，不管是否通知过物主，酒店有权处理此物品。

TERMS AND CONDITION

1. Valuables will not be accepted for storage.
2. Please show your storage upon collection of your luggage.
3. The hotel is authorized to deliver the luggay to any person presenting this tag.
4. If claim tag is lost, luggages can only be released upon positive identification and content of luggage.
5. The hotel would not be liable for any loss resulted by the reasons above.
6. The hotel is responsible for any Juggage stored more than 60 days. Besides, we are entitled to deal with the Juggage whether we notify the owner.

---

№ 0000001

姓 名：
NAME: ______________________

房 间 号 码：
ROOM NO.: ______________________

行 李 件 数：
NO.OF ITEMS: ______________________

日 期：
DATE: ______________________

**注 意 事 项**

1、贵重物品不接受寄存。
2、提取寄存物品时，请出示寄存卡。
3、酒店有权将物品归还任何持卡人。
4、寄存卡如有遗失，寄存者须出示有效证件，确认行李内物品后方可归还。
5、酒店因上述因素所造成的损失不予赔偿。
6、酒店将对存放在礼宾部60天以上的任何物品不负有任何责任。60天无人认领的物品，不管是否通知过物主，酒店有权处理此物品。

TERMS AND CONDITION

1. Valuables will not be accepted for storage.
2. Please show your storage upon collection of your luggage.
3. The hotel is authorized to deliver the luggay to any person presenting this tag.
4. If claim tag is lost, luggages can only be released upon positive identification and content of luggage.
5. The hotel would not be liable for any loss resulted by the reasons above.
6. The hotel is responsible for any Juggage stored more than 60 days. Besides, we are entitled to deal with the Juggage whether we notify the owner.

图 3-7 寄存卡

**5．做好登记**

在行李寄存登记本上做好登记，填写好存放的日期、时长、行李件数、行李寄存人电话、经办人等相关信息。

## （二）行李提取服务

**1．礼貌问候**

行李员应礼貌问候宾客，问清宾客的需求。

**2．确认身份**

请宾客出示行李寄存卡的副联，请其稍等。

**3．查找行李**

根据寄存卡上的信息查找行李，核对行李信息及数量并与寄存卡上的内容进行核实。

**4．交还行李**

将寄存的行李交给宾客，请其清点数量并检查是否有破损。确认无误后，请宾客在行李寄存登记表上签字，把行李交付宾客。

**注意事项：**

> 若宾客提取的行李较多，可用行李车帮宾客把行李送到酒店门口。

**5．资料归档**

行李员在行李寄存登记表上填写行李提取时间、经办人等信息，将行李寄存卡的主联和副联订在一起后归档保存。

**注意事项：**

> 若取件宾客丢失寄存卡，行李员一定要凭证明宾客身份信息的证件放行行李，并请宾客填写已取证明。

某日，一位宾客前来寄存行李，并表示行李中有贵重物品。如果你是小王，你会如何接待这位宾客？

# 模块实训

案例内容：某天，酒店来了一辆出租车，车上坐着一位女士、一个小女孩和一位男士。他们带了5件行李。迎宾员迎接他们至总台办理手续后引领至客房，到客房后小女孩非常高兴地告诉妈妈，他们又住到了原来的房间。

实训内容：在老师指导下，全班学生根据案例内容，分组模拟散客抵店行李服务。

实训要求：各小组根据案例内容，按照散客抵店行李服务的流程完善接待计划，进行模拟，并拍成视频。

实训时间：30分钟/组。

## 考核评价

散客抵店行李服务考核标准见表 3-2。

**表 3-2　散客抵店行李服务考核标准**

考核时间：30 分钟　　考核总分：100 分

| 考核内容 | 考核要点 | 学生互评 | 教师评分 |
|---|---|---|---|
| 仪容仪表（5 分） | 1. 男服务员不留胡须，女服务员化淡妆 | | |
| | 2. 不佩戴醒目奇特饰物 | | |
| | 3. 不留长指甲，不涂有色指甲油 | | |
| | 4. 服务牌戴在外衣左上方，服装整洁得体，无褶皱，纽扣齐全 | | |
| 仪态（4 分） | 1. 走姿规范有礼 | | |
| | 2. 站姿正确 | | |
| 主动迎宾（35 分） | 1. 引至适合宾客下车的位置 | | |
| | 2. 护顶服务 | | |
| | 3. 用行李车为宾客搬运行李 | | |
| | 4. 行李的摆放顺序 | | |
| | 5. 禁止用脚踢行李 | | |
| | 6. 提醒宾客带好随身物品 | | |
| | 7. 记下车牌号 | | |
| 引领至总台（12 分） | 1. 与宾客保持合适的距离 | | |
| | 2. 宾客办理手续时，照看行李 | | |
| | 3. 接过房卡，记清房号 | | |
| 引领至客房（12 分） | 1. 提供开电梯服务 | | |
| | 2. 请宾客先进先出 | | |
| | 3. 途中介绍酒店特色 | | |
| | 4. 示意安全通道 | | |
| 打开房门（8 分） | 1. 开房门时，先敲门 | | |
| | 2. 示意客人先进房 | | |
| 房间服务（12 分） | 1. 征求宾客意见，放好行李物品 | | |
| | 2. 为宾客拉开窗帘 | | |
| | 3. 介绍房间的设施设备 | | |
| 道别（9 分） | 1. 主动征求意见，感谢宾客光临 | | |
| | 2. 与宾客道别 | | |
| | 3. 轻轻关上门，退出房间 | | |
| 善后工作（3 分） | 填写登记表 | | |
| 总分 | | | |
| 教师评语 | | | |

注：总分 = 学生互评分 ×30%+ 教师评分 ×70%。满分为 100 分，60 分以下为不合格，60 ～ 74 分为合格，75 ～ 85 分为良好，85 分以上为优秀。

## 知识加油站

### 行李服务不止于行李

某日中午，有一对情侣寄存了一个行李箱和一个插满了白玫瑰的花瓶。由于是鲜花又用玻璃器皿盛装，实习生小王提醒客人该物品需要尽早来取。客人说花瓶是房务中心提供的，他们下午就离开酒店，走的时候还得想其他的方法将鲜花带走。小王看客人很重视这束玫瑰花，便在给他们办理完寄存手续后主动提出帮忙想办法。

用完午餐后小王开始着手处理这件事情。首先要考虑鲜花的保鲜。小王找了几个瓶子，挑来挑去最终选择了酱油瓶子，这个瓶子的高度正合适。可是客人直接拿着水容易洒出来。小王灵机一动，找到塑料袋，在新花瓶上套了两层，再用橡皮筋扎在新花瓶的瓶口处，这样可以起到保护作用，水也不会洒出来。在这对情侣下午离店时，小王高兴地拿着做好的新花瓶给他们。客人看到后很感动并对小王说："这是我见过服务最细致最贴心的酒店了！"

客人很容易被感动，也很容易得到满足，多一份真诚、多一份用心，足矣。

# 模块三　委托代办服务

## 学习情景

某日上午，实习生小王接到了旅行社张导游的电话，要与酒店确认当天在酒店的用房数量，并且要求安排在楼层高、采光好的房间。之后张导游又询问酒店是否有住宿用餐一体化服务，他想安排客人直接在酒店用餐，省去奔波。小王说当然有，于是将酒店的餐饮设施以及用餐标准向张导游一一介绍。由于当天预订比较多，为了确保万无一失，小王先确认当晚的用餐人数和用餐标准，并告知稍后回复，最后张导游问附近有没有茶楼，最好可以给他提供电话号码。

挂了电话后，小王便通知订餐台为客人预留一间可供 6 位客人用餐的包间，用餐标准为 168 元 / 位，确定为 278 号包间。包间订好后，小王开始在总台的计算机上查询附近的六福茶楼的电话号码，但是没有查到。赶紧又问了值班的同事，很遗憾大家都不知道。于是小王便去办公室寻求经理的帮助，恰巧酒店的老客户叶总在，而他也是六福茶楼的老客户。从叶总那里得到六福茶楼的电话号码后，小王立即打电话给六福茶楼，询问了那里的消费档次及包间的设施设备。之后回复了张导游六福茶楼的情况，以及在酒店用餐的地点在 278 号包间。挂电话之前张导游很满意地说："很期待入住你们酒店，谢谢你啦，小伙子！"

因为旅行团不是在小王的班次上抵店，小王便将用餐的包间号和六福茶楼的联系方式

在计算机管理系统中做好留言备注，并且跟同事做好交接。

## 应知应会

### 一、物品递送转交服务

> **想一想**
>
> 某日早上，一位酒店客人寄存了两盒茶叶，表示午后会有两位店外的客人来取，请小王将两盒茶叶分别交给他们。小王答应了客人的要求，并做了登记。下午，客人前来取茶叶，小王的同事按照小王登记的内容将两盒茶叶交给了客人。过了一个小时，第二位客人前来取茶叶，小王的同事才知道原来两盒茶叶要分别交给两位客人。
>
> 小王的服务出现了哪些纰漏？应当如何补救呢？

转交递送的物品通常有宾客的物品和酒店的物品两大类。宾客的物品有报纸、杂志、包裹、信函等，酒店的物品有传真、付款通知单、酒店给宾客的留言单等。

物品递送转交服务流程如下：

#### 1. 礼貌问候

礼貌问候前来办理物品转交的宾客，如“李小姐，您好，有什么可以帮您？”

#### 2. 检查物品

检查宾客需要转交的物品数量、是否有损坏等，确认所转交物品非易燃易爆、非贵重物品等。

#### 3. 填写单据

填写转交物品登记表，须写清寄存者姓名、电话、所存物品数量，取件者的姓名、电话、取件时间等，并再次核对所填信息，确保准确无误。

#### 4. 确认取件人员身份信息

当取件人前来取件时，须核对取件人的姓名、电话，寄存者的姓名等，并请其提供相应证件，确保物品转交无误。

#### 5. 转交物品

请取件人检查物品的数量、是否有破损等，并请其在转交物品登记表中签字。

#### 6. 礼貌道别

礼貌地向宾客道别，目送宾客离开。

> **试一试**
>
> 某日，酒店客人裴先生前来礼宾部，委托礼宾部将两盒特产转交给 1826 房间的孙先生，表示孙先生会在晚上回酒店时取走。小王确认了孙先生的确住在 1826 房间后受理了裴先生的转交请求。然而直到晚上 10 点，孙先生还没有前来取走特产。小王遂拨打了孙先生客房的电话及手机，均无法联系到孙先生。此时小王应如何处理？

## 二、快递服务

想一想

某日，酒店客人周先生委托酒店礼宾部为他快递寄送一些衣物，作为礼宾部服务人员的小王应当如何为他提供快递服务？

### 1. 了解宾客需求

了解客人所寄物品的种类、重量、收件人信息以及寄件人信息等，向客人说明快递的相关限制及费用。请宾客把收件人、寄件人的信息写好，并再次与宾客确认。

**!注意事项：**

若快递的物品有贵重物品或快递禁运物品，须向宾客说明。

### 2. 填写快递单

根据宾客提供的信息，填写快递单的寄件人信息和收件人信息，尤其要写清楚电话号码。填完后，再次核实所填信息，确保无误。

### 3. 联系快递

联系快递公司，请其取件，并当面核实物件的实际重量、是否需要二次包装、到货时间等，索取发票。

### 4. 收取费用

把快递单的结算单页交给宾客，并告知其快递的取货时间和大约到货时间。把快递的发票交给宾客，收取费用。

### 5. 填写表格

回到岗位后礼宾员应把发快递的信息登记在表格中，并签字。

试一试

小王按照上述程序为周先生寄送了衣物，他认为并非首饰等贵重物品，故没有选择保价。但是，第二天快递公司来电告知礼宾部，周先生的衣物丢失了，并表示愿意向客人赔偿。礼宾部联系了周先生，周先生表示衣物均为奢侈品牌，价值不菲，并要求快递公司和酒店赔偿。

小王在处理这件事上有没有不妥之处？此时，礼宾部应该如何处理这件事？

## 模块实训

案例内容：某天酒店总台来了一位男士，手里拿着包裹，他要求把包裹转交给 1101 的范莉女士，范莉女士恰好外出旅游了，请问服务员该如何处理？

实训内容：在老师的指导下，全班学生分组，根据案例内容模拟物品转交服务。

实训要求：小组成员团结合作，完善物件转交服务，操作服务规范，场景设置合理。

实训时间：20 分钟 / 组。

## 考核评价

物品转交服务考核标准见表 3-3。

表 3-3　物品转交服务考核标准

考核时间：20 分钟　　考核总分：100 分

| 考核内容 | 考核要点 | 学生互评 | 教师评分 |
|---|---|---|---|
| 仪容仪表（15 分） | 1. 男服务员不留胡须，女服务员化淡妆 | | |
| | 2. 不佩戴醒目奇特饰物 | | |
| | 3. 不留长指甲，不涂有色指甲油 | | |
| | 4. 服务牌戴在外衣左上方，服装整洁得体，无褶皱，纽扣齐全 | | |
| 礼貌问候（5 分） | 1. 主动问候宾客 | | |
| | 2. 询问宾客是否和范莉女士联系过 | | |
| 确认来访者身份（10 分） | 问清来访者的身份 | | |
| 与取件人联系（20 分） | 1. 查询被转交人的住店信息 | | |
| | 2. 与范莉女士联系 | | |
| 检查物品（20 分） | 对物品做大致检查，确保不是生鲜、贵重物品等 | | |
| 填写表单（10 分） | 让来访者填写转交物品登记表 | | |
| 再次确认信息（10 分） | 1. 检查核实所填内容是否有误，尤其是电话号码 | | |
| | 2. 询问是否有其他要求 | | |
| 道别（5 分） | 礼貌地向宾客道别 | | |
| 完善交接记录（5 分） | 在交接记录本上写好物品转交信息 | | |
| 总分 | | | |
| 教师评语 | | | |

注：总分 = 学生互评分 ×30%+ 教师评分 ×70%。满分为 100 分，60 分以下为不合格，60 ～ 74 分为合格，75 ～ 85 分为良好，85 分以上为优秀。

## 知识加油站

视频 3-2　金钥匙服务

## 思考题

### 一、填空题

1. 引领宾客乘坐电梯时，行李员应走在宾客＿＿＿＿＿＿＿＿＿＿＿＿的地方并示意。
2. 接收到宾客离店行李服务要求时，须问清宾客的＿＿＿＿、＿＿＿＿、＿＿＿＿等。

3．若接待的是团队宾客，发现有人数变化时，应______________________。

4．宾客离开酒店的最后一个环节是______________________。

**二、判断题**（正确的打“√”，错误的打“×”）

1．进入客房取行李时，应注意为客人关好房门。（　　）

2．取件人取件时，核对取件人的姓名、电话即可。（　　）

3．回酒店途中，根据客人疲劳情况，适当讲解沿途风情、酒店概况。（　　）

**三、简答题**

1．前厅礼宾部常见的代办服务有哪些？

2．简述团队离店行李服务的程序。

3．行李寄存服务的程序有哪些？

# 学习单元四　熟悉总台接待服务

## 单元指南

本单元要求学生学会正确处理总台接待服务过程中常见的问题，能够熟练地提供散客及团队的入住登记服务，能够熟练地为客人提供问询服务、结账收银服务。通过实训部分的模拟，引导学生就出现的各类问题提出适宜的解决方法，从而使学生在将来的工作实践中可以熟练恰当地为客人提供接待服务，并能够正确灵活地处理突发状况。

**重点** 入住登记服务、问讯服务　　**难点** 结账收银服务

# 模块一　办理入住登记手续

## 学习情景

某天，实习生小王在为一位常客办理入住手续时，这位客人向他抱怨每次入住都要登记证件信息，十分麻烦，且他的房间包含双早，偶尔邀请朋友一起用餐还要登记朋友的证件信息，他认为十分不合理。小王耐心地听了他的意见，并表示一定马上向上级反映。很快，小王向领导反馈了客人的意见，并着手展开调研，发现酒店很多常客都有这样的困扰，最终酒店决定为频繁入住的客人建立单独的档案并复印证件，如果客人在一个月内再次入住可以无须提供证件，只要提前告知前台人员入住时间即可。小王立即将酒店的决定告知了客人，客人表示十分满意。

## 应知应会

### 一、散客入住登记程序

客人认为办理入住登记十分麻烦，但是酒店为什么必须要求办理入住登记呢？

### （一）入住登记

入住登记（图 4-1）是前厅部对客服务过程中的一个关键环节，也是客人与酒店间建立正式合法关系的最根本的环节。办理入住登记的目的包括：遵守国家法律法规中有关入

住管理的规定；便于获得客人的个人资料；满足客人对客房和房价的要求；向客人推销酒店服务设施，方便客人选择；为客人入住后的各种表格及文件的形成提供可靠的依据。

## （二）散客入住登记程序

### 1．接待前的准备工作

总台服务人员应做好接待前的准备工作，缩短办理入住登记的时间，提供准确、快捷的服务。

（1）仪容仪表准备。总台服务人员应按照岗位标准检查自身的仪容仪表是否符合岗位要求，调整好心态、情绪。

（2）物品准备。办理入住登记手续需要准备房卡（图 4-2）、刷卡机、验钞机、扫描仪、钥匙制卡器等办公用品，查看计算机系统是否正常。

图 4-1　入住登记

图 4-2　房卡

（3）信息准备。查看房间状态（图 4-3），了解当天的入住情况、所剩房间类型和数量；查看交接班日志，了解上一班工作人员的工作情况；查看预订名单和 VIP 名单。

### 2．识别客人有无预订

在为客人办理入住登记时，首先要确认客人有无提前预订房间。

（1）有预订情况的处理。

1）热情问候。当宾客进入大堂时，接待员应立正站好目视宾客，并点头致意，主动热情地问候客人，如果预先知道客人的姓名或职位等，应使用姓名或头衔等称呼客人，表示对客人的尊重。

2）查询客人预订信息。礼貌询问预订者信息，迅速查询计算机或查阅打印的客房预订表（图 4-4），并复述其预订房间的种类、住店天数、价格等主要内容。

若客人持有预订凭证（确认函或短信），接待员应礼貌地请其出示预订凭证的正本，注意检查客人姓名、酒店名称、房间种类、住宿天数、抵店与离店日期、用餐安排、预订凭证发放单位的印章等内容，并向客人解释预订凭证所列内容，耐心为客人解答疑问。若客人已付订金，接待员应再次向客人确认收到的金额。

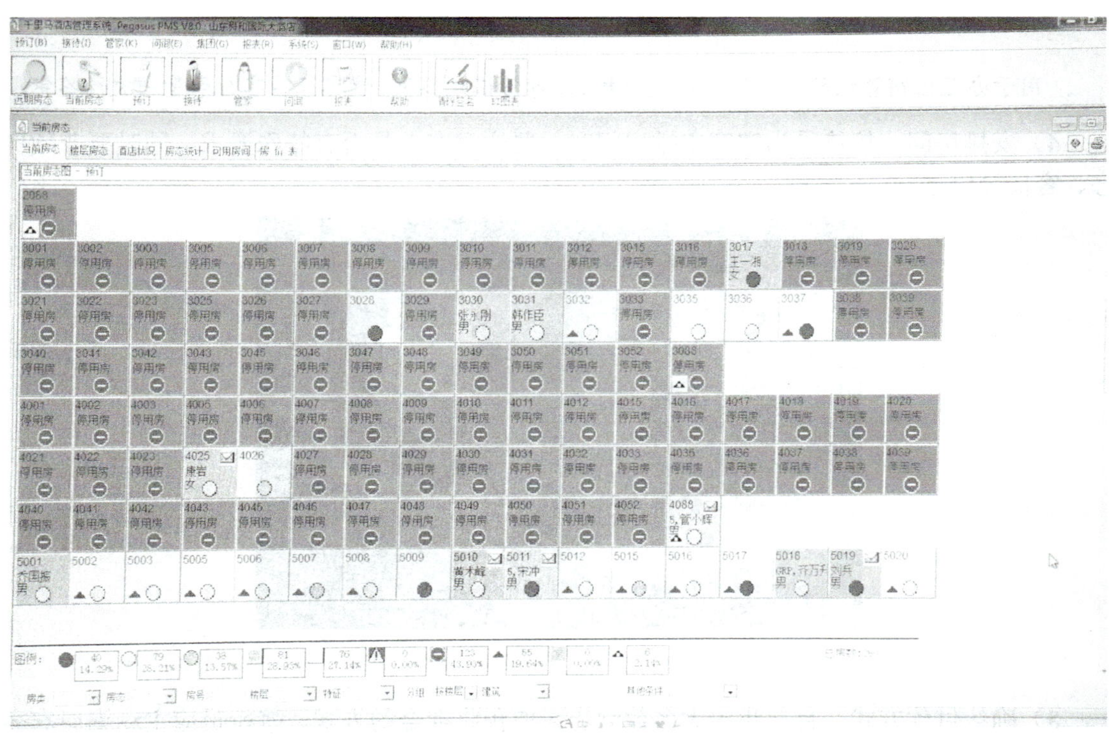


图 4-3　查看房间状态

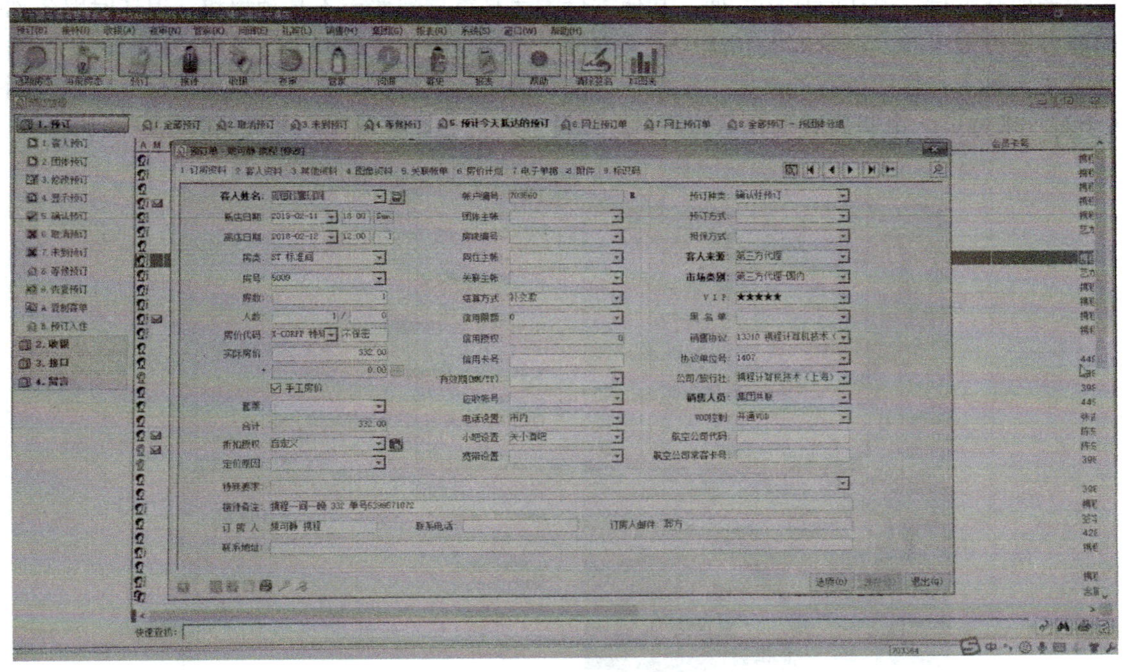


图 4-4　查询客人预订情况

3）核对、扫描证件。接待员应礼貌地请宾客出示有效证件，按照公安部门的要求进行扫描（图 4-5）并上传证件信息，生成入住登记记录并打印宾客住宿登记单，请宾客在住宿登记单上签字确认。

**注意事项：**

用于办理住宿登记的有效证件一般为护照、身份证或签证。请宾客签字时尽量一次性签完。

4）安排房间。接待员为宾客安排房间时，要注意客人是否有特殊要求，同时要兼顾房态、客情等信息。

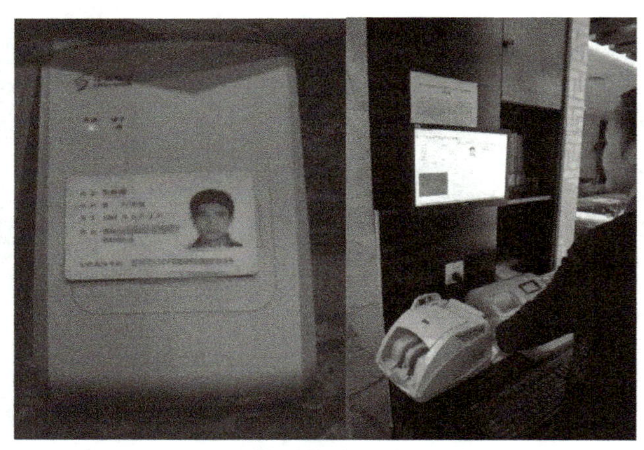

图 4-5　扫描证件

5）确认付款方式。目前我国大多数酒店采取预收押金的方式，接待员应主动询问宾客付款方式。付款方式有现金、银行卡、支票、汇票、微信、支付宝等多种。押金一般用银行卡或者现金支付，退还时比较方便。其他支付方式是直接消费而不是预授权，退还时财务部门要办理很多手续，会给客人和酒店带来麻烦，不建议用作收取押金。退房结账时可更换结算方式。对于宾客所持有的支票、汇票等，接待员应认真核实。若宾客拟用银行卡付款（图 4-6），接待员一定要核对银行卡的信息，如持卡人姓名、有效期，并请宾客签字确认。

图 4-6　银行卡付款

若客人在预订时已付款，则只收取押金并开具押金收据（图 4-7）。

预 收 定 金 单　　No 0000001
DEPOSIT RECEIPT

日期
Date________

| 客人姓名<br>Guest Name: | 房间号码<br>Room No: | 账号<br>Account No: |
|---|---|---|
| 金额（大写）<br>Amount: | | RMB: |
| 事由<br>Subject: | | |
| 备注<br>Remart: | | |
| 注意　结账时请将此收据交还<br>Attention　The receipt should be in when setting payment | | |

经办人
Prepared By:

客户签名
Guest Signature:

图 4-7　押金收据

接待员应在保证服务质量的前提下，尽可能地为客人减少办理入住登记手续的时间（一般为 2 ～ 3 分钟），提高入住效率。

6）制作钥匙。接待员应当场为宾客制作房卡（或钥匙）和欢迎卡，将房间号码、住宿时间等信息输入其中。房卡制作完成后，将房卡置于欢迎卡内，双手交给客人（图 4-8）。

图 4-8　双手递送房卡

**! 注意事项：**

向宾客报房号时，应注意保护宾客的隐私，不可大声说出。

7）提醒服务。入住登记手续完成后，接待员应归还宾客的有效证件、银行卡等，同时提醒客人可免费将贵重物品寄存在酒店提供的保险箱内，主动介绍早餐的时间和地点，用手势指引电梯的位置，向客人道别，并送上美好祝愿，如“祝您住店愉快”等。

**注意事项：**

宾客的有效证件、银行卡等要一次性归还。

8）存储客人信息。及时通知房务中心入住宾客的信息。将宾客入住登记单第二联交给收银员；将客人与结账相关的信息（如客人所享受的折扣率、银行卡号码、享受免费日期、付款方式等）输入计算机宾客账单内并按规定存档；更改计算机中的预订以及房态等信息，确保能够及时与相关部门对接，从而高效地为宾客服务。在系统中保存客人的证件信息、特殊要求和喜好，便于下次更好地服务。

视频 4-1　散客入住登记手续

（2）未预订情况的处理。

1）接待员应热情主动地问候客人并询问是否有预订。

2）了解客人的住宿要求和消费水平，根据当天客房的销售状况，向宾客介绍房间的种类、朝向、价格等。

3）核对、扫描证件。

4）确认宾客的付款方式，按照酒店规定收取预付款。

5）信息存储归档。

**注意事项：**

客房分配时要讲究技巧，尽量将年轻人安排在较安静的房间；内宾和外宾尽量安排在不同的楼层；敌对国的客人要避免安排在同一楼层或邻近的房间。

**试一试** 某日，小王实习的酒店来了几位客人，其中有两位美国客人，一位伊朗客人，他们通过网络预订了房间。请问小王该如何帮他们安排房间？

## 二、团队入住登记程序

**想一想** 团队入住是 10 位及以上宾客同时到店，宾客人数较多，入住和离店的时间统一。那么，团队入住接待和散客入住接待有什么区别呢？该如何为团队宾客办理入住手续呢？

### （一）接待前的准备

（1）根据酒店营销部发来的接待通知单和排房名单，结合酒店客房预订情况进行预排房和预分房。

（2）将团队入住信息提前通知房务部。

（3）准备好房卡、欢迎卡、餐券等物品。

（4）将团队用餐信息提前通知餐饮部。

（5）将团队入住信息提前通知礼宾部。

**!注意事项：**

若酒店有驻机场代表，团队或会议客人抵达机场时，机场代表应前往迎候，并与陪同人员及领队联系，安排客人前往酒店，并将客人乘坐的车辆号码、离开机场的时间、行李件数及其他情况通知礼宾部或大堂副理，再由大堂副理通知团队协调员或总台接待员，以做好准备工作，提高接待效率。

### （二）接待团队入店

（1）团队到达的当天，接待员应预先将有关资料整理好，并再次确认房间为“OK 房”。

（2）团队抵达酒店后，前台接待人员应主动、热情地打招呼、问候，大堂副理致欢迎辞。

（3）主动与团队负责人取得联系，确认团队的人数、预订房间数、叫早时间、离店时间等信息。

（4）确认无误后，请团队负责人签字。

（5）协助团队负责人分房。

### （三）储存团队信息

（1）接待员核实、扫描并上传客人的证件信息。信息录入完毕后，将团队客人的有效证件送到领队房间，请领队核实无误后，由领队负责分发给客人。

（2）接待员将准确的房号名单转交礼宾部，以便行李分发。

（3）制作团队总账单，交至前台收银处；同时更改计算机中的客房显示状况。

（4）填写团体客人住宿登记表（图 4-9），将团队客人资料分类整理好。

团队名称：　　　　　　　　　　　　　　年　　月　　日至　　年　　月　　日

| 房号<br>Room No. | 姓名<br>Name in full | 性别<br>Sex | 出生年月<br>Date of Birth | 职业<br>Occupation | 国籍<br>Nationality | 护照号码<br>Passport No. |
|---|---|---|---|---|---|---|
| | | | | | | |
| | | | | | | |
| | | | | | | |
| | | | | | | |
| | | | | | | |
| | | | | | | |
| | | | | | | |
| | | | | | | |
| | | | | | | |
| | | | | | | |

| | | |
|---|---|---|
| 签证号码 | 机关 | 种类 |
| 有效日期 | 入境日期 | 口岸 |
| 留宿单位 | | 接待单位 |

图 4-9　团体客人住宿登记表

试一试　接待员小王协助团队负责人分配好房间后，团队中的一位客人要求升级房间，请问该如何处理？

## 模块实训

实训内容：在老师的指导下，全班同学分组分角色扮演，模拟接待英国夫妇、残疾人、70 岁老人及新婚夫妇等类型的客人，为其办理入住登记手续。

实训要求：选择接待对象，写出模拟脚本，模拟过程以视频方式呈现。

实训时间：30 分钟 / 组。

## 考核评价

办理散客入住登记的考核标准，见表 4-1。

**表 4-1　办理散客入住登记的考核标准**

考核时间：30 分钟　考核总分：100 分

| 考核内容 | 考核要点 | 学生互评 | 教师评分 |
|---|---|---|---|
| 模拟脚本（20 分） | 1. 封面有课程名称、小组成员、日期等信息 | | |
| | 2. 情景内容介绍完整，场景清晰 | | |
| | 3. 情景内容重点突出，接待流程顺畅，思路清晰 | | |
| | 4. 字体、字号前后一致，层级分明 | | |
| | 5. 主题内容为原创 | | |
| | 6. 小组成员角色分明，协作有条不紊 | | |
| | 7. 有结束语 | | |
| | 8. 有视频展示 | | |
| 员工素养（8 分） | 1. 着工装，服装整洁，鞋袜洁净，头发、指甲等均符合职业要求，佩戴工牌上岗 | | |
| | 2. 走姿、站姿规范有礼 | | |
| | 3. 主动、友好地问候宾客，热情接待 | | |
| | 4. 对话中用姓氏、头衔等称呼客人 | | |
| | 5. 训练有素，应变能力强，沟通有效，有团队精神 | | |
| 准备工作（5 分） | 1. 房卡、欢迎卡、餐券齐全 | | |
| | 2. 刷卡机、验钞机、扫描仪、房卡制卡器等办公用品齐全 | | |
| | 3. 查看计算机系统是否正常 | | |
| | 4. 了解当天的入住情况、所剩房间类型和数量，查看房态等信息 | | |
| 识别客人有无预订（12 分） | 1. 礼貌询问宾客是否有预订，如有，则迅速查询，复述其预订房间种类、住店天数、价格等主要内容 | | |
| | 2. 检查预订凭证的正本 | | |
| | 3. 与宾客确认离店日期 | | |
| | 4. 再次向客人确认收到的金额 | | |
| 核对、扫描证件（4 分） | 1. 礼貌地请宾客出示有效证件，扫描、上传证件信息，生成入住登记记录，并打印宾客住宿登记单 | | |
| | 2. 请宾客在住宿登记单上签字确认 | | |

（续）

| 考核内容 | 考核要点 | 学生互评 | 教师评分 |
|---|---|---|---|
| 安排房间（12分） | 1．残疾人和老人应安排在离服务台或电梯较近的房间 | | |
| | 2．新婚夫妇应安排在较安静的带大床的房间 | | |
| | 3．安排英国夫妇时应注意到房号、楼层的禁忌 | | |
| 确认付款方式（9分） | 1．确认宾客的付款方式并正确出具票据 | | |
| | 2．核对银行卡的付款信息，如持卡人姓名、有效期，并请宾客签字确认 | | |
| | 3．点钞方法正确 | | |
| | 4．唱收正确 | | |
| | 5．宾客的证件、银行卡等一次性归还 | | |
| 制作房卡（6分） | 1．房卡（或钥匙）制作完成后，将房卡置于欢迎卡内，双手交给客人 | | |
| | 2．向宾客报房号时，注意保护宾客的隐私，不大声说出 | | |
| 提醒服务（9分） | 1．主动询问宾客是否需要贵重物品寄存服务，并解释有关规定 | | |
| | 2．介绍早餐的时间和地点 | | |
| | 3．指示客房或电梯方向，或招呼行李员为宾客服务，向客人道别，并送上美好祝愿 | | |
| 存储客人信息（5分） | 1．及时通知房务中心宾客的入住信息 | | |
| | 2．将宾客入住登记单第二联交与收银员入账并整理客人信息，存档 | | |
| 办理时间（10分） | 2分钟内完成整个入住登记手续 | | |
| 总分 | | | |
| 教师评语 | | | |

注：总分＝学生互评分×30%+教师评分×70%。满分为100分，60分以下为不合格，60～74分为合格，75～85分为良好，85分以上为优秀。

## 知识加油站

VIP客人入住登记程序与标准，见表4-2。

**表4-2 VIP客人入住登记程序与标准**

| 程序 | 标准 |
|---|---|
| （1）VIP客人的接待准备工作 | （1）根据VIP客人接待通知单，核实人数、VIP客人的职位高低、特殊要求等<br>（2）VIP房的分配尽量选择同类客房中方位、视野、景致、环境、房间保养等方面处于最佳状态的客房<br>（3）VIP客人到达酒店前，接待人员应将装有房卡（印有VIP客人姓名、房号）、班车时刻表的欢迎信封及登记卡放至客房经理处<br>（4）客房经理要在客人到达前再次检查房间，确保房间状态正常，礼品发放准确无误 |
| （2）办理入住手续 | （1）以客人姓名或职务称呼客人，及时通知客房经理，由客房经理亲自迎接并送至房间<br>（2）接待员收集VIP客人的有效证件，完成入住登记后，送回VIP客人房间 |
| （3）信息存储 | （1）复核有关VIP客人资料的准确性，并输入计算机<br>（2）在计算机中注明VIP客人，以提示其他部门或人员注意<br>（3）为VIP客人建立档案，并注明身份，以便作为日后预订和查询的参考资料 |

# 模块二　提供问询服务

## 学习情景

小王所在的酒店接待了一个来自福建的商务团队，他们要与某公司在此地进行商务会谈，有半天时间可以自由活动。由于客人是第一次来到本市，对城市各方面的情况都不了解。酒店特意安排问讯处的小王格外照顾该商务团队，尽力解决团队的疑难问题，必要时准备好相关资料交给领队，由领队发放给团队客人。

## 应知应会

### 一、宾客店内外信息咨询服务

想一想

来自福建的团队负责人在办理完入住手续后，向小王咨询道，他们临时有半天的自由活动时间，听说“天下第一泉”趵突泉是一大奇观，不知道半天的游览时间是否合适？哪里是赏泉的最佳位置？是否可以帮忙联系一位导游？这时，小王需要为客人提供什么服务？

目前，大多数酒店将“接待——问询——收银”三合一。问讯处的工作内容主要有三个方面：一是信息咨询服务，二是留言服务，三是失物招领服务。其中信息咨询服务分为宾客店内外信息咨询和住客信息问询服务。

酒店前台人员既应该熟悉酒店内部各营业场所的营业推广、促销活动等服务信息，又应了解酒店所在地的旅游概况、城市风貌、主要景区景点、民俗风情、饮食文化及交通情况、国际国内航班等信息。

接待员应该具备广博的知识，懂得交际礼节，还应具有流利的外语交际能力以及网络信息查询能力等。

为了提供更加优质的问询服务，问讯处还应准备城市旅游地图、旅游路线宣传册、酒店宣传册等多种资料，以便问讯员随时查用。

五星级酒店一般都会有礼宾台，客人有需要问询住店以外的事情一般都会去礼宾台，礼宾员对酒店周围甚至整个城市都是非常了解的。但不免有客人会在前台咨询，前台接待员能解答客人的疑问最好，实在解决不了可以请礼宾部同事帮忙解答。

宾客店内外信息咨询服务流程如下：

**1. 热情迎宾**

接待员应以友善热情的态度，为客人提供快速、准确、全面的信息服务。

（1）接待员接到宾客的咨询电话时，应在三秒内接听电话，并礼貌问候：“您好，有什么可以帮您？”若没能及时接听电话，应向宾客致歉，如“对不起，让您久等了。”

（2）接待员看到宾客向前台走来时，应主动地、礼貌地问候。

**2. 耐心倾听，准确记录**

对于宾客提出的问题，接待员要认真倾听，不要随意打断客人的话，若需打断，应致歉。同时做好记录。应按照 5W1H 的方式（图 4-10），准确记录宾客的问询内容，尽量养成边听边记的习惯。

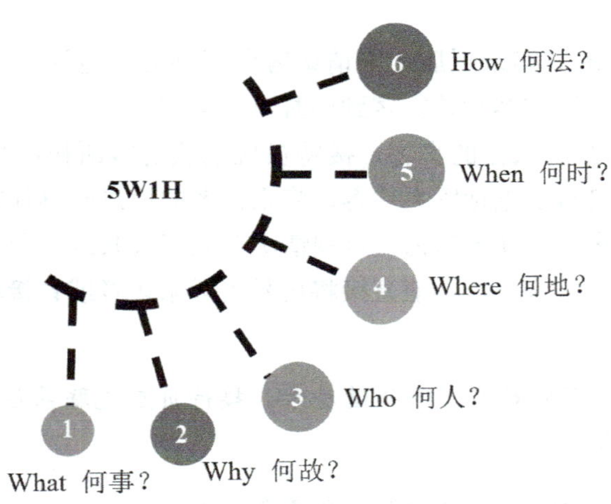


图 4-10　5W1H 方式

**3. 妥善处理**

接待员要根据自己的职责范围和具体情况，选择正确的处理方式。对于熟悉的内容，随问随答；对于不清楚的问题，查询后再答复；对于既不清楚又查不到的内容，应向宾客解释，可转接大堂副理或者部门领导为其服务。

**注意事项：**

对于政治、民族等敏感话题，接待员应婉言拒绝。

**4. 友好道别**

道别是接待客人的最后一关，当咨询结束后，接待员应主动向客人道别、致意。

（1）宾客通过电话咨询完毕后，接待员应礼貌道别："希望我的回答能对您有所帮助，再见。"应让宾客先挂断电话，接挂电话时要轻拿轻放。

（2）宾客向前台咨询结束后，接待员应礼貌道别。

**试一试**

某日，一对外地来的老夫妇前来问讯处询问济南的景点信息，请你帮助小王接待他们。

## 二、住客信息问询服务

**想一想**

导游员按照约定的时间来到酒店在大堂等候，大约 10 分钟后，还是没有见到团队负责人，由于她没有留下团队负责人的联系方式。导游员到总台请求接待员小王帮忙联系下这位负责人。此时小王应该如何做呢？

问讯处是对客服务的重要部门，处于酒店的中心位置。住店客人信息问询一般是来访者问询宾客是否在本酒店入住或问询房号等。酒店应随时注意保护客人的隐私。

处理住客信息问询服务流程如下：热情迎客，查询信息。

查询是指非住店客人查找住店客人的有关情况，接待员应在不触及客人隐私的范围内给予回答。

（1）如果访客问询的宾客未抵店，则请访客留下姓名、电话、单位等信息，或者让访问者自主联系宾客，也可请访客预计宾客到店时再来问询。

（2）如果访客问询在店入住的宾客，接待员应确认访客所报房号和宾客姓名，确认被访问者是住店客人，拨打客房电话联系住客，将来访者的信息告诉住客。住客同意后才可将房号告诉来访者。如果客人不在客房内，可视情况在酒店公共区域通过呼叫等方法帮助来访者寻找被访客人。未经住客许可，不能直接将房号告诉来访者或直接将来访者带入客房。

**注意事项：**

访客只知道住店宾客的姓名，不知道房号，接待员应先联系住店宾客，经同意后方可告知来访者相关信息。

（3）若宾客要求房号保密，应婉转回绝访客的问询。

视频 4-2　问询服务

如果来客声称自己想要联系这位团队负责人，但来客只记得这位团队负责人的房号而忘记了他的姓名，要求总台帮忙查询客人信息，接待员小王该如何处理？

## 三、留言服务

这天，团队负责人给总台打来电话，要求总台给导游留言，由于导游的电话打不通，而他有个紧急会议，游览时间调整了，具体时间会后商量好再通知他。此时小王应该如何做呢？

在酒店中，宾客的留言分为访客留言和住店宾客留言两种。

### 1. 访客留言的处理程序

在接受留言时，接待员应注意掌握事情的要点，确保信息的准确性。

（1）礼貌问候。访客通过电话或亲自到前台要求留言时，接待员应礼貌问候。

（2）查询被访者住店信息。接待员通过计算机系统查询被访者的住店信息，确认是否住店。

（3）填写留言单。

1）被访者是住店或者即将到店宾客，则接受访客的留言，请其填写访客留言单。

2）若被访者是离店客人则不能接受访客留言。

**注意事项：**

若访客是电话问询，接待员应复述访客的留言内容，确认无误后，接待员在留言单上签字并标注留言时间，便于查验。

（4）传递留言信息。

1）对于即将到店的宾客，将访客留言单附在预订单上，宾客入住时一并转交给宾客。

2）对于住店宾客，应将留言单送到房间。

**注意事项：**

为确保留言能够及时有效地传递给被访者，酒店应每隔1小时与客房联系一次。

#### 2. 住店宾客留言的处理程序

住店宾客的留言与访客留言处理流程基本相同，接待员在接待时要特别注意问询留言的有效期限，做好记录。

**试一试**

某日，前厅部问讯员小王正在为客人介绍附近的旅游景点和乘车路线。这时另外一位客人来到前台请小王推荐附近的特色餐厅，还没有忙完的小王不耐烦地请客人排队，后到的客人有些不满意地离开了。小王的做法正确吗？如果你是小王，此时你会如何处理？

## 四、失物招领服务

**想一想**

12月26日，某公安分局的朱先生和同事来本地出差，入住小王所在的酒店。12月27日下午他们退房后，在大堂休息区休息，突然接到电话，要紧急赶回。由于离开得匆忙，他们将一个黑色的公文包遗留到休息区的椅子上。小王的同事小李在清理桌上的烟灰缸和杯子时，发现了这个黑色的公文包，看到休息区已经没有客人了，他立刻向经理报告。在监控及大家的共同监督下，经理打开了这个公文包，大家被眼前的一幕惊呆了，公文包里躺着厚厚的两沓百元大钞，还有许多公安厅下发的红头文件，但是唯独没有可以与客人取得联系的名片等信息。大家赶紧通过监控录像进行查询，确定是住店的客人，于是立即找到客人的住店信息。此时朱先生已经在高速公路上了，经理让小李赶紧在宾客遗留物品记录本上登记并且保管好，等客人回来认领。请问，物品该由谁来保管？怎么保管？

酒店每天来往的客人非常多，难免会有人因一时疏忽遗失随身携带的物品，如果能够及时找到，宾客对酒店的满意度会大大提高。这也是酒店优质服务的一个方面，酒店的全体人员都应做好宾客的遗留物品保管和招领工作。

酒店员工发现遗留物品时，必须立即上报并交由相关部门处理。通常情况下，各酒店保存和招领物品的部门不同，一般公共休息区、餐厅、沙发区的遗留物品由礼宾部保管；在客房遗留的物品，由房务中心保管。

### （一）失物保管的流程

#### 1. 物品处理

在酒店发现的任何失物都要立即上报并交到相应部门，其中宾客退房时的遗留物都应当作失物对待。

### 2. 做好记录

相关部门接收到上交的失物时，应在宾客遗留物品处理登记表（图 4-11）上做好记录，要记录日期、地点（如房号）、遗留物品信息、发现人等内容。

（　）店客房部宾客遗留物品处理登记表

20　年　月

| 序号 | 遗留日期 | 遗留物品信息 | 房号 | 宾客姓名 | 遗留原因 | 上交人 | 接收人 | 认领日期 | 认领人 | 客房部经手人 | 处理方式 | 客房部经理签字 |
|---|---|---|---|---|---|---|---|---|---|---|---|---|
| | 月　日 | | | | | | | 月　日 | | | | |
| | 月　日 | | | | | | | 月　日 | | | | |
| | 月　日 | | | | | | | 月　日 | | | | |
| | 月　日 | | | | | | | 月　日 | | | | |
| | 月　日 | | | | | | | 月　日 | | | | |
| | 月　日 | | | | | | | 月　日 | | | | |
| | 月　日 | | | | | | | 月　日 | | | | |
| | 月　日 | | | | | | | 月　日 | | | | |
| | 月　日 | | | | | | | 月　日 | | | | |
| | 月　日 | | | | | | | 月　日 | | | | |
| | 月　日 | | | | | | | 月　日 | | | | |
| | 月　日 | | | | | | | 月　日 | | | | |
| | 月　日 | | | | | | | 月　日 | | | | |
| | 月　日 | | | | | | | 月　日 | | | | |
| | 月　日 | | | | | | | 月　日 | | | | |

图 4-11　宾客遗留物品处理登记

### 3. 保存物品

要确保客人物品的安全，保护好客人的物品，在物品上附上招领信息表。对于现金、钱包、相机等贵重物品，应存放在前厅部的保险箱里；对于衣物，应保证客人衣物的洁净，可存放在礼宾部，所有物品应按照时间顺序放置。

## （二）失物招领的流程

### 1. 接待、询问、记录

客人认领失物时，接待员应请其出示证件，礼貌地问清楚宾客在何时、何地、遗失了什么物品，认真记录遗失物品的大小、型号、颜色、形状等特点，并复述，待客人确认后帮忙查找。

### 2. 办理领取

接待员应加强对客人遗留物品的管理，依据标准工作流程，为客人办理失物领取手续。

（1）如果客人还住在酒店，可以通知相关人员将失物送到客人的房间，请其在宾客遗留物品签（图 4-12）上签字。

（2）如果有人替失主认领失物，应要求其出示失主的信件 / 传真或是手写的申请表，以及失主的有效证件，请其在宾客遗留物品签上签字。

（3）如果客人要求送还失物，应当问清楚客人的准确住址、电话号码等信息，请相关部门处理。

宾客遗留物品签
GUESTS LEGACY ITEMS SIGNED
日 期：DATE: 年 月 日
房号姓名：ROOM NO. NAME:
账 号：ACCOUNT NO.:
电 话：TEL:
遗留物品：LEFT OBJECTS:
备注①：REMARKS①:
备注②：REMARKS②:
备注③：REMARKS③:
接收人签名：SINGNATURE:
提取日期：ACCEPT DATE:
提取人姓名：SINGNATURE:

图 4-12　宾客遗留物品签

注意事项：

对于无人认领的物品，酒店应按照失物处理规定进行处理，一般情况下价值300元以上的，保存一年；价值300元以下的，保存3个月。

3．资料归档

失物认领后，接待员应在"宾客遗留物品记录本"上签名注销招领信息，并把失物招领单和失物认领单订在一起，归档保存。

试一试

这天快下班的时候，一位先生匆匆忙忙地来到总台，他说，下午退房后接到酒店的电话时才发现自己的公文包不见了，酒店来电话说公文包已找到，这位先生要求取回自己的公文包。请问，此时小王该如何处理？

## 模块实训

案例内容：问讯处接到一个遗落在餐厅的双肩包。正当问讯处的员工不知如何处理这个双肩包的时候，又有一位客人打来电话说要给酒店2326房间的肖先生留言，此时走来了一位神色焦急的客人，说自己不慎遗失了双肩包，请求帮助。

实训内容：在老师的指导下，全班学生分组，根据上述案例模拟问询服务。

实训要求：小组合作找出案例中问题的处理方法，写出脚本，录制成视频。

实训时间：30分钟/组。

## 考核评价

问询服务考核标准，见表4-3。

**表4-3　问询服务考核标准**

考核时间：30分钟　考核总分：100分

| 考核内容 | 考核要点 | 学生互评 | 教师评分 |
|---|---|---|---|
| 模拟脚本（20分） | 1．封面有课程名称、小组成员姓名、日期等信息 | | |
| | 2．情景内容介绍完整，场景清晰 | | |
| | 3．情景内容重点突出，接待流程顺畅，思路清晰 | | |
| | 4．字体、字号前后一致，层级分明 | | |
| | 5．主题内容为原创 | | |
| | 6．小组成员角色分明，协作有条不紊 | | |
| | 7．有结束语 | | |
| | 8．有视频展示 | | |
| 员工素养（8分） | 1．着工装，服装整洁，鞋袜洁净，头发、指甲等均符合职业要求，佩戴工牌上岗 | | |
| | 2．走姿、站姿规范有礼 | | |
| | 3．主动、友好地问候宾客，热情接待 | | |
| | 4．对话中用姓氏、头衔等称呼客人 | | |
| | 5．训练有素，应变能力强，沟通有效，有团队精神 | | |

（续）

| 考核内容 | 考核要点 | 学生互评 | 教师评分 |
|---|---|---|---|
| 失物保管（25分） | 1. 在酒店里发现失物立即上报并交到相应部门 | | |
| | 2. 在失物招领表上做记录 | | |
| | 3. 记录日期、地点（如房号）、物品名称、发现人等信息 | | |
| | 4. 保管好客人的物品 | | |
| | 5. 在物品上附招领信息表 | | |
| | 6. 按要求存放 | | |
| | 7. 按照时间顺序放置 | | |
| 失物招领（18分） | 1. 认领失物时，接待员请客人出示有效证件 | | |
| | 2. 礼貌地问清楚宾客在何时、何地、遗失了什么物品 | | |
| | 3. 认真记录遗失物品的大小、型号、颜色、形状等特点，并复述 | | |
| | 4. 请客人在认领表上签字 | | |
| | 5. 失物认领后，接待员在宾客遗留物品记录本上签名注销招领信息 | | |
| | 6. 把失物招领单和失物认领单订在一起，归档保存 | | |
| 访客留言的处理（20分） | 1. 主动且礼貌地问候 | | |
| | 2. 查询被访者的住店信息 | | |
| | 3. 填写留言单 | | |
| | 4. 复述访客的留言内容 | | |
| | 5. 在留言单上签字并标注留言时间 | | |
| 分情况处理（9分） | 1. 若被访者是住店的宾客 | | |
| | 2. 若被访者是即将到店的宾客 | | |
| | 3. 若被访者是离店客人 | | |
| 总分 | | | |
| 教师评语 | | | |

注：总分＝学生互评分×30%+教师评分×70%。满分为100分，60分以下为不合格，60～74分为合格，75～85分为良好，85分以上为优秀。

## 知识加油站

### 贴心服务，风雨无阻

某天一直下雨。晚上10点多交接班时，酒店住客肖先生打电话至总台说他的手受伤了，询问附近是否有药店，想去买绷带、药水以及胶布。小王想了想附近的药店都关门了，酒店也没有这些物品，便对客人说：“附近的药店都已经关门了，酒店自备的创可贴可以吗？”客人说：“不行，创可贴太小，伤口还得消毒。”当时外面的雨一直下个不停，出去也不大方便，他便犹豫了一下，跟客人说：“实在不好意思，酒店只有创可贴，现在药店都关门了，您出去也只会白跑一趟，还可能导致伤口感染。”客人很失望地说：“那算了吧。”挂了电话，小王想起了经理常说的酒店服务理念——当客人有困难需要帮助的时候，用心做事的机会就到了。药店虽下班了，但附近的交通医院肯定有。于是交完班后，小王立刻冒雨赶去交通医院，由于时间太晚只有急诊，小王说明了情况，请求医生把处理伤口的用品提供给他，之后又一路小跑

回来。当小王敲开客人的房门，肖先生听他讲完来意后非常惊讶地说：“真不好意思，这么晚麻烦你亲自冒雨跑一趟。都说你们酒店的服务好，我今天算是体验到了。太感谢你了！我一定将你们酒店推荐给我的同事和好友！”听到客人感激的话语，看到客人满意的笑容，小王也十分开心。

# 模块三　提供结账收银服务

## 学习情景

某日，在收银处实习的小王为一个来自日本的团队办理结账手续。这个团队此前以每晚380元的价格预订了房间，但时值销售旺季酒店客房价格上调，入住时总台按照上调后每晚520元的价格为他们登记办理了住店手续，客人也在单据上签了字。现在，客人拒绝以每晚520元的价格支付房费，要求小王以预订时的价格结账。小王认为客人签字时并没有表示异议，应按照上调后的价格收取房费。客人由于要赶飞机无法多做停留，只得按照每晚520元的价格支付房费，并生气地投诉了小王。

想一想

小王的做法对吗？他做了什么工作？除此之外他还要负责什么工作？有什么方法可以简化酒店前台为客人办理业务的流程呢？

## 应知应会

### 一、客账控制

宾客到酒店后，酒店为方便记录宾客在酒店居住期间的消费账目，完成宾客住店费用结算，须为其建立账户。若是散客则应建立个人账户，若是团队则应建立团队账户。

**!注意事项：**

除了个人账户和团队账户外，还有一种是非住客账户（又称半永久性账户），是为非住店但产生店内费用的个人设置的账户，又叫挂账协议客户，包括健身成员、企事业客户或者当地政要等客人。当收银员向非住客账户收费时，必须要求客人出示账户卡，以确认转账有效。

客账控制包括建立账户和记录消费情况，其服务流程如下：

#### 1. 设立账户

宾客办理完入住登记手续后，收银员须为宾客建立账户。账户建立时应按照房号，以入住登记的收银联作为依据，将其与押金单的另一联订在一起。

**!注意事项：**

若是团队账户，还应建立团队客人的分账单，避免与总账单重复记账或漏记账目。

### 2. 填写信息

根据宾客的信息认真填写宾客分户账单，注明宾客姓名、房间号、房间单价、房间数量、住店人数、入住日期、离店日期、结账方式、押金数额以及特殊要求等。

**注意事项：**

若是团队账户，要检查团队名称、团号、人数、用房总数、房价、付款方式等是否正确，尤其要标明可以签单的人员。

### 3. 核对信息

收银员应认真核对酒店入住系统中填写的宾客信息，要求清晰、完整，确保准确无误。

检查入住登记表、免费/折扣通知单、押金收据、信用卡签购单、支票收据等，确保齐全、无误。

### 4. 记账入账

对于有联网条件的酒店，住店期间宾客在酒店各营业点消费的非现金支付的活动，都可以汇入总台收银处（图4-13）。没有联网的酒店，各营业点的服务员要认真填写宾客的姓名、房号、消费内容、付款方式、消费金额等内容，并确认宾客的签名，及时把账单交到总台收银处。总台收银员也要再次核查账单中宾客的信息，若有异议，应立即核实。

**注意事项：**

若是团队账户，应查看是否有换房、减房、加房、加床等变更信息（散客房也可能产生以上的情况）。

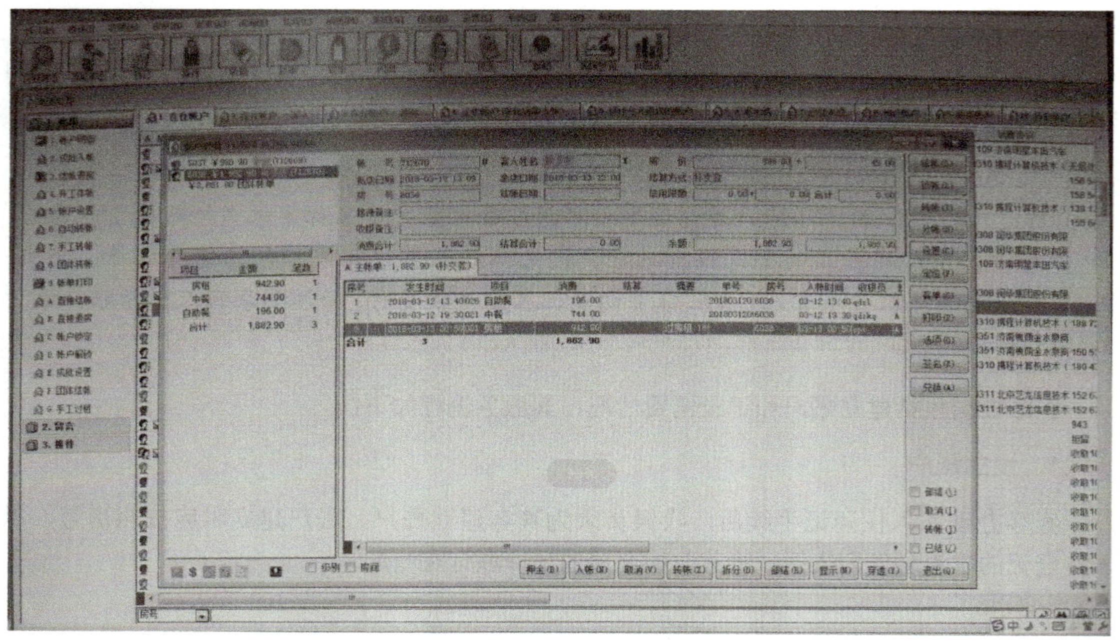

图4-13 记账入账

5．存放账单

确认无误后将账单打印出来，与押金收据、信用卡签购单、支票收据等预付凭证装订在一起，作为备份保存。将制作好的账单核查无误后放入住店客人资料柜内。

注意事项：

团队总账单应按编号放入相应的团队账户资料夹中，存入资料柜。

试一试

某日，酒店的计算机突然瘫痪，请你帮助小王应对这种突发情况。

## 二、兑换服务

想一想

星级酒店的客人来源范围很广，包括来自各个国家的旅游者、商务客人、政界人物等，酒店在服务过程中不可避免地会收到多个国家的货币或支票。因此，资深前台服务人员提醒小王，要尽快熟悉各个国家外币现钞、支票以及信用卡等。

### （一）外币兑换服务

为方便宾客，酒店经中国银行授权，根据国家外汇管理局公布的外汇牌价，代办外币兑换业务（可在酒店设置一台外币兑换机）。外币兑换服务主要有外币现钞、旅行支票、信用卡（外币卡刷卡不属于兑换业务）。酒店提供的外币兑换业务仅限于外币兑换人民币。

外币兑换服务程序如下：

1．服务准备

收银员在上岗之前应准备人民币和外币兑换所需要的办公用品及兑换单等，准确掌握当日外币兑换的牌价，准备好足够的备用金。

2．了解兑换币种

当宾客前来办理外币兑换业务时，收银员首先应询问其所持外币的币种，确认是否属于酒店兑换外币的范围。

3．了解兑换数量

礼貌地告诉宾客当日的汇率及酒店一次兑换的限额。一般情况下，根据酒店规定的额度进行兑换，如果超过这个额度，收银员应请宾客前往银行办理。

4．辨别外币真伪

收银员应掌握外币知识及识别方法，认真清点外币数额，并检验外币的真伪，须当场唱收。

5．核实证件

酒店通常只为住店宾客办理外币兑换业务。收银员应请宾客出示护照和房卡，确认客人为酒店的住客。查看护照上的姓名和欢迎卡上的是否一致，照片与宾客是否相符。

#### 6．填制水单

首先准确告知宾客当日的汇率，根据宾客的外币金额折合成人民币金额。宾客表示无异议后，填制水单（图 4-14）。水单包括外币金额、扣贴息、净额、牌价、实付人民币金额、客人的国籍、护照号码、姓名及住址 / 饭店等。

其次，请宾客在水单上签字。

最后，收银员签字，加盖酒店财务章。

中国银行×××分行外汇兑换水单　①

EXCHANGE　MEMO　　11-0000001

国籍 Nationality________　　护照号码 Passport No.________　　日期 Date________

姓名及签字 Name:（Signature）________　　住址/饭店 Address/Hotel________

| 外币金额 Amount in Foreign Currency | 扣贴息 Less Discount | 净额 Net Amount | 牌价 Rate | 实付人民币金额 Net Amount in ¥ yuan | | | | | | | | | |
| --- | --- | --- | --- | --- | --- | --- | --- | --- | --- | --- | --- | --- | --- |
| | | | | 千 | 百 | 十 | 万 | 千 | 百 | 十 | 元 | 角 | 分 |
| | | | | | | | | | | | | | |
| 摘　要 Particulars | | | | | | | | | | | | | |

银行传票联附件，不得作退汇凭证。

兑换单位盖章：　　复核：　　经办：

图 4-14　外币兑换水单

#### 7．交款

再次清点应交付给宾客的人民币现金，将护照、房卡、现金及水单的第二联交给客人，请客人清点。

**！注意事项：**

交付时，应唱收唱付。

#### 8．单据处理

将外币水单的留存联归档，待交办时核账。

### （二）旅行支票兑换服务

旅行支票（图 4-15）也称汇款凭证，是由银行、旅行社发行的一种定额支票。旅游者在国外可按规定手续，在发行银行（或旅行社）的国内外分支机构、代理行或规定的兑换点兑取现金或支付费用。

图 4-15　旅行支票

兑换支票的服务程序如下：

**1. 礼貌问候**

收银员应礼貌问候宾客，如“先生 / 女士，有什么可以帮您？”以问清宾客的兑换要求。

**2. 查验支票**

检查宾客所持支票的真伪，核对是否在可兑换的服务范围之内，核对有效日期等。

**3. 核对证件**

请宾客出示有效证件（如身份证、护照等），并进行核对，检查支票上的签名和证件上的是否一致，照片是否和本人相符。确认无误后，把支票号码、持票人号码及国籍抄到水单上。

**4. 填制水单**

查清当日牌价，填制水单，并扣除贴息，准确换算。

**5. 宾客签名**

请宾客在水单上签名。打电话至银行客服索要旅行支票授权码，同时收银员须核对支票的初次签名和本次签名是否相符。初签与复签必须一致，不一致或不太相符则需要请宾客继续复签。

**注意事项：**

无初签的旅行支票为无效支票，收银员不能要求宾客当场补签。

**6. 再次审核**

收银员认真复核水单上的金额、应兑付给宾客的金额。

**7. 支付兑换金额**

核对无误后，支付给客人，要唱收唱付。

## （三）信用卡

图 4-16 运通卡

信用卡是由银行或信用卡公司提供的一种供客人赊欠消费的信贷凭证，上面印有持卡者的姓名、号码、初签等。目前，国内酒店可以受理五大国际卡组织的信用卡：

（1）美国运通公司的运通卡（American Express）。美国运通卡（图 4-16）始创于 1958 年，最初定位于高端客户，一度成为高端卡的代名词。

（2）万事达卡（Master Card）。万事达卡（图 4-17）分为公司卡和个人卡，每种卡又有金卡和普通卡。此外，还有白金卡等高端卡种。

（3）维萨卡（Visa），是一个信用卡品牌，由位于美国的 Visa 国际组织负责经营和管理。

（4）美国大来卡（Diners Club），于 1950 年 Frank McNamara 创办，是第一张塑料付款卡，最终发展成为一个国际通用的信用卡。

（5）日本 JCB 卡（JCB），是日本几大银行于 1961 年联合发行的国际信用卡。

**注意事项：**

酒店一般不受理非国际性银行卡，卡面印有“VALID ONLY IN 某国家或地区”，即表示此卡限于发卡银行所属国家或地区使用。

**试一试**

某日，一位菲律宾的客人来到总台，希望将一些人民币兑换成美元，请你协助小王接待他。

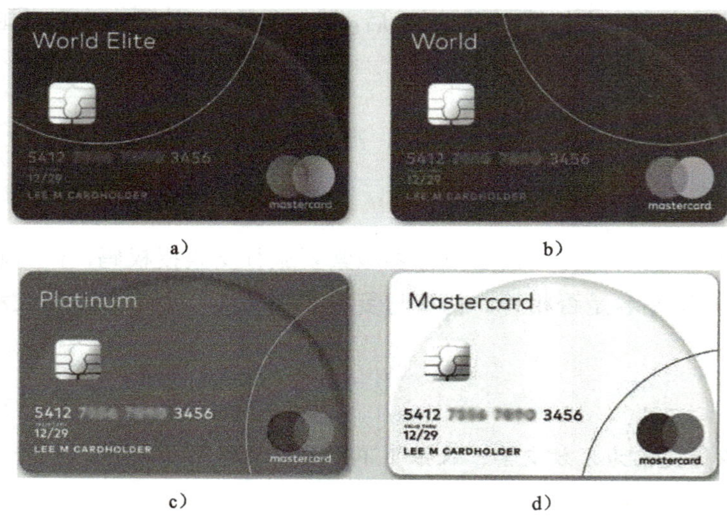

a） b） c） d）

图 4-17 万事达卡

a）世界之极卡 b）世界卡 c）白金卡 d）普卡

## 模块实训

实训内容：在老师的指导下，全班同学分组分角色模拟接待新婚的法国夫妇、日本老年人、英国背包客、澳大利亚残疾人、德国旅游团等类型的客人，管理其客账并提供外币兑换服务。

实训要求：小组合作找出模拟案例中问题的处理方法，写脚本并录制视频。

实训时间：30 分钟 / 组。

## 考核评价

散客结账服务考核标准，见表 4-4。

**表 4-4　散客结账服务考核标准**

考核时间：30 分钟　考核总分：100 分

| 考核内容 | 考核要点 | 学生互评 | 教师评分 |
| --- | --- | --- | --- |
| 模拟脚本（20 分） | 1. 封面有课程名称、小组成员姓名、日期等信息 | | |
| | 2. 情景内容介绍完整，场景清晰 | | |
| | 3. 情景内容重点突出，接待流程顺畅，思路清晰 | | |
| | 4. 字体、字号前后一致，层级分明 | | |
| | 5. 内容为原创 | | |
| | 6. 小组成员角色分明，协作有条不紊 | | |
| | 7. 有结束语 | | |
| | 8. 模拟有视频展示 | | |
| 员工素养（8 分） | 1. 着工装，服装整洁、鞋袜洁净，头发、指甲等均符合职业要求，佩戴工牌上岗 | | |
| | 2. 走姿、站姿规范有礼 | | |
| | 3. 主动、友好地问候宾客，热情接待 | | |
| | 4. 对话中用姓氏、头衔等称呼宾客 | | |
| | 5. 训练有素，应变能力强，沟通有效，有团队精神 | | |
| 设立账户（9 分） | 1. 账户建立时按照房号 | | |
| | 2. 将入住登记的收银联与押金单的另一联订在一起 | | |
| | 3. 对团队客人要建立分账单 | | |
| 填写宾客分户账单（9 分） | 1. 注明宾客姓名、房间号、房间单价、房间数量、住店人数、抵店日期、离店日期、结账方式、押金数额以及特殊要求等 | | |
| | 2. 检查团队名称、团号、人数、用房总数、房价、付款方式等是否正确 | | |
| | 3. 标明可以签单的人员 | | |
| 核对信息（6 分） | 1. 认真核对酒店入住系统中填写的宾客信息 | | |
| | 2. 检查入住登记表、免费 / 折扣通知单、押金收据、信用卡签购单、支票收据等 | | |
| 记账入账（6 分） | 1. 核查各营业点的账单中宾客的信息，若有异议，应立即核实 | | |
| | 2. 查看是否有换房、减房、加房、加床等变更信息 | | |

（续）

| 考核内容 | 考核要点 | 学生互评 | 教师评分 |
|---|---|---|---|
| 存放账单（10分） | 1. 将账单打印出来 | | |
| | 2. 与押金收据、信用卡签购单、支票收据等预付凭证装订在一起 | | |
| | 3. 核查制作好的账单 | | |
| | 4. 放入住店客人资料柜内 | | |
| | 5. 团队总账单按编号放入相应的团队账户资料夹中，存入资料柜 | | |
| 外币兑换服务（32分） | 1. 准备人民币、外币、办公用品、兑换单等 | | |
| | 2. 掌握当日外币兑换的牌价，准备好足够的备用金 | | |
| | 3. 询问宾客所持外币的币种，确认是否属于酒店兑换外币的范围 | | |
| | 4. 礼貌地告诉宾客当日的汇率及酒店一次兑换的限额 | | |
| | 5. 超过酒店一次兑换限额的，请宾客前往银行办理 | | |
| | 6. 认真清点外币数额，并检验外币的真伪 | | |
| | 7. 请宾客出示护照和房卡，确认客人为酒店的住客 | | |
| | 8. 查看护照上的姓名和欢迎卡上的是否一致，照片与宾客是否相符 | | |
| | 9. 根据宾客的外币金额折合成人民币金额 | | |
| | 10. 宾客表示无异议后，填制水单 | | |
| | 11. 请宾客在水单上签字 | | |
| | 12. 收银员签字，加盖酒店财务章 | | |
| | 13. 再次清点应交付给宾客的人民币现金 | | |
| | 14. 将护照、房卡、现金及水单的第二联交给客人，请客人清点 | | |
| | 15. 交付时，应唱收唱付 | | |
| | 16. 将外币水单的留存联归档 | | |
| 总分 | | | |
| 教师评语 | | | |

注：总分 = 学生互评分 ×30%+ 教师评分 ×70%。满分为 100 分，60 分以下为不合格，60 ～ 74 分为合格，75 ～ 85 分为良好，85 分以上为优秀。

## 知识加油站

### 世界主要货币简介

美元（USD）是美利坚合众国的官方货币，标志为 USA$，由美国联邦储备系统控制发行。第二次世界大战结束后，欧洲大陆国家同意使用美元进行国际支付，美元作为储备货币在各国广泛使用，并成为国际货币。美元纸币有 1 美元、2 美元、5 美元、10 美元、20 美元、50 美元、100 美元七种面额，硬币共有 1 美分、5 美分、10 美分、25 美分、50 美分、1 美元 6 种面额。美国历史上曾有 4 位著名总统的头像分别出现在 1 美分、5 美分、10 美分、25 美分面额的硬币上，他们分别是亚伯拉罕・林肯、托马斯・杰斐逊、富兰克林・罗斯福、乔治・华盛顿。

欧元（EUR）是欧元区中 19 个国家的货币，标志为€。这 19 个会员国是德国、法国、意大利、荷兰、比利时、卢森堡、爱尔兰、西班牙、葡萄牙、奥地利、芬兰、立陶宛、拉脱维亚、爱沙尼亚、斯洛伐克、斯洛文尼亚、希腊、马耳他、塞浦路斯。欧元纸币分为 5 欧元、

10 欧元、20 欧元、50 欧元、100 欧元、200 欧元、500 欧元七种面额，尺寸和颜色各不相同，正面图案的主要组成部分为门窗，背面是桥，分别表现出了欧洲不同时期的不同建筑风格，代表了 7 个不同时期的欧洲文化历史。拱门和窗户图案象征着开放和合作的精神。在欧元硬币中，有 8 种面额的硬币，分别是 1 欧分、2 欧分、5 欧分、10 欧分、20 欧分、50 欧分、1 欧元和 2 欧元。

日元（JPY）是日本的法定货币，标志为￥。日元纸币由日本银行发行，日本国立印刷局制造，称为日本银行券，有 1 000 日元、2 000 日元、5 000 日元、10 000 日元 4 种面值。日元硬币有 1 日元、5 日元、10 日元、50 日元、100 日元和 500 日元 6 种面值。

英镑（GBP）是英国的官方货币，标志为£，主要由英格兰银行发行，也可由其他发行机构发行。英国海外领地的货币也以镑为单位，与英镑汇率固定为 1:1。流通中的英镑纸币有 5 英镑、10 英镑、20 英镑和 50 英镑四种，硬币有 1 便士、2 便士、5 便士、10 便士、20 便士、50 便士、1 英镑、2 英镑 8 种。

澳元（AUD）是澳大利亚的官方货币，标志为 AU$。澳大利亚是世界上首个发行普通流通塑质纸钞的国家，这种纸钞耐揉搓、不易破损且美观，每种面值都设计有不同特色的透明“窗口”，这种设计也是全球首例。澳元纸币有 5 澳元、10 澳元、20 澳元、50 澳元、100 澳元五种面额；硬币有 5 分、10 分、20 分、50 分、1 澳元、2 澳元 6 种面额。

港元或称港币（HKD）是中国香港的法定流通货币，标志为 HK$。中国香港的自治权包括自行发行货币的权力。虽然港元只在中国香港有法定地位，但在中国内地和澳门很多地方也接受港元。据考证，中国香港是最先把通货称为“圆”的地方，这个名称由中国香港传回中国内地、日本及韩国。港元纸币有 10 港元、20 港元、50 港元、100 港元、500 港元、1 000 港元 6 种面额；硬币有 1 毫、2 毫、5 毫、1 港元、2 港元、5 港元 6 种面额。

## 思考题

### 一、填空题

1. ____________是客人与酒店间建立正式合法关系的最根本的环节。
2. 问讯处的工作内容主要包括____________、____________、____________。
3. 失物保管的流程是物品处理、做好记录、____________。
4. 客账控制包括____________和____________。

### 二、判断题（正确的打“√”，错误的打“×”）

1. 对于政治、民族等敏感话题，接待员应谨慎回答。（　　）
2. 酒店发现的任何失物都应该立即上报并交到相应部门。（　　）
3. 酒店通常也可为非住店宾客办理外币兑换业务。（　　）

### 三、简答题

1. 失物招领的流程是什么？
2. 客账控制的服务流程是什么？
3. 为客人办理入住登记时，对于未预订情况，应如何处理？

# 学习单元五　熟悉总机与商务中心服务

## 单元指南

通过本单元的学习，学生应掌握总机服务的基本要求，以及转接电话、挂拨电话、叫醒服务等流程，熟悉商务中心的服务范围，并且在今后工作中能够熟练地为客人提供相关服务。

**重点** 转接电话服务　　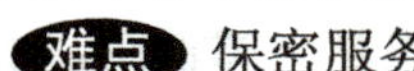 难点 保密服务

## 模块一　掌握总机服务

## 学习情景

某日，总机话务员实习生小王接到了一个电话，对方称自己是726房间客人的朋友蔡先生，有急事找他。小王马上为他转接了电话，然而房内客人正在通话中，转接了几次依然占线。由于蔡先生听不到占线的提示音，以为小王推诿工作，遂对小王一通大骂。小王既愤怒又委屈，于是对蔡先生表示拒绝再向他提供服务，在726房间客人通话结束后依然不肯转接电话，最终被蔡先生投诉。

## 应知应会

### 一、总机服务基本要求

小王为什么会被蔡先生投诉？作为话务员，小王应符合哪些基本要求？

酒店电话总机以电话为媒介，为客人提供包括转接电话、挂拨国际或国内长途、叫醒、查询、IDD在内的各项服务，是酒店的通信枢纽。总机房的设备主要有电话交换机、话务台、长途电话自动计费机、自动打印机等，其中电话交换机有很多种类，如PMBX、PABX、EBX等，其中EBX交换机具有自动振铃、自动显示通话号码、自动显示分机当

时所处状态、阻止外线电话进入某分机等功能。

为了能够快捷、准确、有效地转接电话，话务员必须具备一定的职业素质：

（1）使用礼貌用语，保持良好坐姿，言语谨慎。

（2）电话铃响，立即接听，高效率转接。当客人指明要找某人听电话时，应主动协助其寻找受话人，而不应草率地接通某分机；需客人等候时，应在接通期间按音乐键；线路接通后，将客人的基本情况告知对方，再接通电话；若接通某分机有困难，可以询问客人是否同意转接到其他分机或请其他人接听电话，绝不可擅自转接。

（3）准确记录客人留言和数字类信息。

（4）向客人婉转提出建议，不使用命令式语句。

（5）结束通话时，主动致谢，待对方挂断电话后再切断线路。

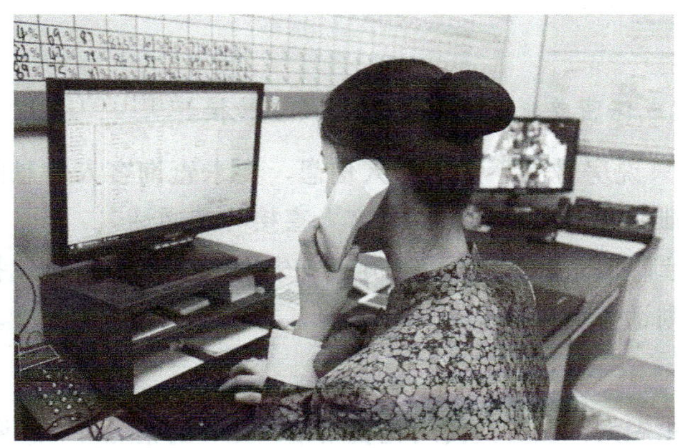

图 5-1　总机服务场景

**试一试**

如果你是小王，你该如何处理这件事，才能做到既安抚蔡先生，又履行自己的职责？

## 二、电话转接服务流程

**想一想**

一日，非酒店住客李先生致电酒店总机，称他的朋友生病了，请求总机帮助他查找药店的电话号码。总机话务员小王毫不犹豫地答应了他，并迅速找到了几家药店的号码回电告知了他。在李先生表示感谢时，小王礼貌地说："不用客气，帮助您是我们的荣幸，×× 酒店竭诚为您提供优质服务，祝您的朋友早日康复，再见！"

作为酒店总机服务人员，小王日常工作的流程是怎样的？

工作繁忙时，话务员通常应先接酒店外部的电话，再接住店客人的内部电话，最后接部门之间的电话。转接电话时应按如下流程进行：

视频 5-1　电话转接服务

### 1. 及时接听电话

话务员要在电话铃响起 10 秒钟之内接起电话，并主动问候："您好，有什么可以帮您？"

若是酒店外线电话，则应自报家门：“您好，×× 酒店，请问有什么可以帮您？”

**2. 认真聆听**

接听客人电话时，要认真聆听客人讲话，应重复客人的要求，避免误解。

**3. 准确转接**

为客人提供电话转接服务时，应认真核对相关信息，按照总机工作流程转接电话。

（1）对于要求转入客房的电话，话务员应在计算机系统中查询核对需转接宾客的信息，确认无误后，请客人稍等并在其等候期间播放音乐；转接后响铃超过 30 秒仍无人接听时，应向客人解释说明并致歉。若其要求留言，应如实记录留言的内容及留言者的姓名、联系方式，将其留在系统里的留言功能栏中，结尾署上代留言者所在部门及名字，并通知礼宾部将留言打印出来送到客人房间。

**注意事项：**

若客人有免打扰或保密要求，则应委婉拒接、转接。

（2）对于来电者只说房号而不知道客人信息，要求查询客人信息的，话务员应注意为客人保密，不能擅自泄露其信息，接通后让客人直接与其通话。

（3）对于要求转到 VIP 的电话，话务员应首先查看客人是否有免打扰或保密要求，如果客人有明确指示，则话务员应核实来电者信息，方可转入。

**4. 礼貌服务**

转接电话时，应礼貌为其服务，使用礼貌用语，如“请稍等”“感谢来电”等；转接后，应在客人挂断电话后才切断线路。若电话转接时无人接听，则应礼貌地向客人说明：“您好，电话暂时无法接听，请问是否需要留言？”

试一试

如果你是小王，在业务繁忙时，你会如何处理酒店外客人来电求助的情况？

## 三、“免电话打扰”“保密入住”服务

某日早晨 6 点左右，刘先生致电总机，询问同事张总的房间号，称有事情需要汇报。总机话务员小王迅速查询到张总的房间号，且客人没有要求免电话打扰服务，于是马上为刘先生转接了电话。然而此时的张总还在休息，接到电话后十分生气，叫刘先生 9 点后再联系他。

如果你是小王，当你遇到清晨要求转接电话的服务时，你会怎么做？什么是“免电话打扰”服务呢？

宾客在住店期间，由于种种原因，不愿接听电话，要求酒店为其提供保密服务，这时酒店应按以下流程提供 Do Not Disturb（DND）服务，即免电话打扰服务。

**1. 了解宾客保密需求**

宾客提出办理免电话打扰服务时，话务员应积极受理，并了解宾客的信息、具体保密程度等。

**2. 记录相关信息**

将所有需要提供"免电话打扰""保密入住"服务的客人的姓名、房号等信息记录在计算机管理系统中当天的专项文件里；将"免打扰""保密入住"房间的电话号码通过话务台锁上，并将此信息准确通知给其他当班人员。

**3. 提供服务**

当有人在客人"免打扰"期间要求通话时，话务员应礼貌地说明情况，并建议其留言或待取消"免打扰"后再打电话；当有人在客人"保密入住"期间要求通话时，话务员应告知外线客人酒店内查无此人。

**4. 结束服务**

客人要求取消"免打扰""保密入住"后，话务员应立即释放被锁的电话号码，并在计算机管理系统中标明取消记号和取消时间。

试一试

小王在值班期间接到一家公司的电话，要求转接到刘先生所在的房间。话务员小王立即通过计算机系统进行查询，发现刘先生要求免电话打扰服务。请问话务员小王该如何向客人解释？

## 四、叫醒服务

想一想

一天，钱先生致电总机，为自己和朋友的房间预订了叫醒服务。第二天，总机话务员小王叫醒时发现，钱先生朋友的房间是空房。小王马上意识到可能是客人前一天说错了房号，于是他马上联系钱先生重新核对了叫醒房号，及时叫醒了钱先生的朋友。钱先生及其朋友高度评价了小王认真负责的工作态度，并对他表示感谢。

叫醒服务有怎样的工作流程和要求呢？

总机提供 24 小时叫醒服务，总机话务员要有良好的纪律观念、时间观念、应变能力等，要及时把信息传达给相关部门，更高效地为客人服务。

**1. 了解宾客需求**

话务员接到叫醒预订时，应首先问清客人的房号和需要叫醒的时间。

**2. 核实信息**

复述一遍客人的房号及叫醒时间，确保信息准确。同时询问是否需要第二遍叫醒。

**3. 录入信息**

将叫醒信息及时输入计算机预订系统中，并再次核对。检查叫醒机、打印机是否正常，避免因设备问题影响叫醒服务。

**4. 实施服务**

叫醒服务分为人工叫醒和自动叫醒两种。叫醒服务涉及客人计划和日程安排，关系到客人的航班和车次。如果叫醒服务出现差错，可能会给客人带来不可弥补的损失。因此，要慎重实施叫醒服务。

（1）人工叫醒。确保信息准确无误后定时，待定时钟响起时，话务员接通相应客房分机，叫醒客人。

**注意事项：**

若客房内电话连续三次无人应答，应立即通知客房部当班主管通知楼层服务员前往客房拍门叫醒。若遇到客人房间门口亮起“请勿打扰”灯，则应请示值班经理是否可以拍门叫醒，并将叫醒结果记录在叫醒单上。

（2）自动叫醒。机器叫醒共叫三次，每隔三分钟叫醒一次（图 5-2）。

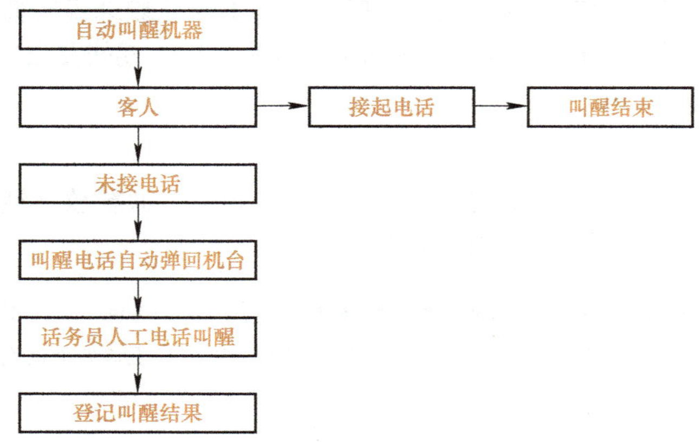


图 5-2 自动叫醒服务流程

**试一试**

相对于机器叫醒，人工叫醒的优点是能够为宾客提供超值服务，如天气情况、穿衣指数等，但是人工服务也存在一定的弊端，如叫醒不到位、失误等。请问如何防范叫醒失误的发生？导致叫醒失误的原因有哪些？

## 五、紧急电话服务

**想一想**

某日，小王实习的酒店对员工进行了一场火灾紧急疏散演习，实习话务员小王接到火灾报警后，马上安抚“客人”，并立即向相关部门通报。随后按照酒店的疏散方案发出了群呼疏散信号，并根据指令播放了疏散命令的紧急广播。

当出现紧急情况时，作为总机话务员的小王应当履行什么职责？

总机在酒店充当临时指挥中心的角色，当酒店出现紧急情况时，总机房便成为酒店管理人员快速控制局势的场所，话务员应按指令执行任务，做到沉着、冷静，有较强的应急能力。

### 1. 了解情况

接到紧急电话时，话务员首先询问并记录报告者的身份、姓名和事情发生的地点、时间、紧急程度等。

### 2. 及时通报

了解清楚紧急事件的情况后，话务员应立即向酒店有关部门和领导通报，并根据指令，迅速与市内消防等部门取得联系。

### 3. 安抚客人

话务员应安抚客人，稳定客人的情绪。并通知酒店各个部门，辅助各部门有序疏散客人，

做到快速高效地传递信息。

4. 做好记录

详细记录紧急情况发生时处理的细节，如报警时间、地点、突发事件处理过程及结果等，以备事后检查和归类存档。

试一试

如果你是小王，当接到报告酒店内火灾的电话时，应如何处理？

## 模块实训

案例内容：某公司的王先生打电话到总机，请求转接深圳来的吕小姐。经核查，吕小姐由于身体不舒服，想休息半天，已设置免打扰服务，并希望前台当日下午 3:00 叫醒她。

实训内容：在老师的指导下，全班同学根据案例分组分角色模拟总机服务。

实训要求：写出模拟脚本，将整个实训模拟录制成视频。

实训时间：30 分钟 / 组。

## 考核评价

总机服务考核标准，见表 5-1。

表 5-1 总机服务考核标准

考核时间：30 分钟 考核总分：100 分

| 考核内容 | 考核要点 | 学生互评 | 教师评分 |
|---|---|---|---|
| 模拟脚本（24 分） | 1. 封面有课程名称、小组成员姓名、日期等信息 | | |
| | 2. 情景内容介绍完整，场景清晰 | | |
| | 3. 情景内容重点突出，接待流程顺畅，思路清晰 | | |
| | 4. 字体、字号前后一致，层级分明 | | |
| | 5. 主题内容为原创 | | |
| | 6. 小组成员角色分明，协作有条不紊 | | |
| | 7. 有结束语 | | |
| | 8. 模拟以视频形式展示 | | |
| 仪容仪表（15 分） | 1. 着工装，服装整洁，鞋袜洁净，头发、指甲等均符合职业要求，佩戴工牌上岗 | | |
| | 2. 坐姿、站姿规范有礼 | | |
| | 3. 热情接待，礼貌服务 | | |
| | 4. 对话中用姓氏、头衔等称呼客人 | | |
| 接听电话（8 分） | 1. 铃声响起后 10 秒内接听电话 | | |
| | 2. 热情问候，自报家门 | | |
| 了解宾客需要（10 分） | 1. 认真倾听客人需求，并作重复询问 | | |
| | 2. 按照客人的要求查询内容 | | |

（续）

| 考核内容 | 考核要点 | 学生互评 | 教师评分 |
|---|---|---|---|
| 特殊情况处理（10分） | 1. 吕小姐设置了免打扰服务，服务员应告知王先生，吕小姐暂时无法联系 | | |
| | 2. 请王先生留下电话，待吕小姐电话可接通时，告知吕小姐，让她给王先生回电 | | |
| 填写表单（6分） | 1. 仔细倾听 | | |
| | 2. 正确填写留言表，内容完整无误 | | |
| 复述核对（4分） | 记录完毕后要进行重复确认 | | |
| 道别（4分） | 1. 礼貌地向宾客道别 | | |
| | 2. 宾客挂断电话后再挂电话 | | |
| 办理时间（4分） | 办理时间一般不能超过3分钟 | | |
| 叫醒服务（15分） | 1. 明确是人工叫醒还是自动叫醒 | | |
| | 2. 若是自动叫醒，客人未接电话时，应立即进行人工叫醒 | | |
| | 3. 若人工叫醒三次无人应答，则应通知相关人员前往客房叫醒 | | |
| 总分 | | | |
| 教师评语 | | | |

注：总分 = 学生互评分 ×30%+ 教师评分 ×70%。满分为100分，60分以下为不合格，60～74分为合格，75～85分为良好，85分以上为优秀。

## 知识加油站

### 结账后客人要求客房内拨打外线的处理方法

在酒店有时会遇到客人在结账后要求在客房内拨打外线的情况，首先，要礼貌地向客人说明酒店客房服务的机制：在结账后，包括客房内的电话外线在内的诸项服务都已停止。其次，服务人员可以建议客人使用酒店商务中心或酒店大堂内的公用电话，服务人员应根据实际情况进行处理，可为客人开通需要单独计费的外线，并告知客人计费方式。最后，服务人员要在客人使用完毕后及时关闭外线服务。

# 模块二　走进商务中心

## 学习情景

范先生在住店期间，需要复印一份重要文件。他来到商务中心，请服务员帮忙复印文件。服务员小王接待了范先生并按要求为他提供了服务，但在服务时，小王态度轻慢且粗心大意，将文件的原件折了一个角，范先生十分不快。随后，小王接到了范先生的投诉。酒店经理问清了事情经过后对小王进行了批评教育。

# 应知应会

## 一、复印、打印服务

> 想一想　小王在接待范先生时，哪里做得不对？商务中心的工作人员在提供复印、打印服务时，应遵循什么样的工作流程？

酒店商务中心提供的服务一般有复印、打印服务，发送传真服务，票务服务，租借服务，会议室服务等。

复印、打印服务流程如下：

**1. 热情问候**

热情问候宾客，主动询问宾客的房号，了解宾客的需求。

**2. 说明收费标准**

向宾客说明复印、打印的收费标准。

**3. 确认宾客要求**

选择纸张规格、复印张数，并与客人进行核对。了解客人的复印、打印需求以及打印特殊格式的安排。浏览原稿，核查不清楚的字符。

**4. 打印或复印**

正确操作打印 / 复印机，仔细核对数量，检查文件打印、复印质量，保管好原件。

**5. 请宾客确认**

文件复印、打印完毕后，取原件按顺序整理好，交给客人，请客人校对，待其确认无误，再询问是否需要装订。

**6. 收取费用**

清点复印或打印张数，按规定价格计算费用，告知宾客费用数额并开具单据。若客人要求挂账，应请客人出示房卡并签字。

**7. 交还原件**

把原件和单据交给宾客。

**8. 道别**

礼貌与宾客道别。

**9. 善后事宜**

将账单号码、房号、金额、付款方式登记在计算机系统中的商务中心每日复印、打印表（图 5-3）上，并备注经办人。

> 试一试　如果你是小王，在工作中不小心损坏了客人的文件，你该如何处理？

| 复印打印记录 | | | | | |
|---|---|---|---|---|---|
| 时间 | 姓名 | 电话 | 打印类型 | 份数 | 值班人 |
| | | | | | |
| | | | | | |
| | | | | | |
| | | | | | |
| | | | | | |
| | | | | | |
| | | | | | |
| | | | | | |
| | | | | | |
| | | | | | |
| | | | | | |
| | | | | | |
| | | | | | |
| | | | | | |
| | | | | | |
| | | | | | |
| | | | | | |
| | | | | | |
| | | | | | |
| | | | | | |
| | | | | | |

图 5-3　商务中心每日复印、打印记录

## 二、传真服务

**想一想**　某日，酒店住客宋先生拿着一份文件匆忙来到商务中心，表示这份写着密密麻麻数据的文件需要马上传回公司，小王立刻为他提供了传真服务。然而第二天，宋先生气冲冲地前来投诉，说前一天传送到公司的文件一片模糊，根本看不清，耽误了公司一笔生意，要求酒店商务中心赔偿。

### （一）发送传真

**1. 主动问候**

主动问候宾客，如“您好，请问有什么可以帮您？”

**2. 接收传真件**

接收要发送的传真件，询问发往的地区。

**3. 说明收费情况**

事先向客人说明发送传真的收费标准，请客人填写传真发送表（姓名、日期、传真号码等）、签名并核对发送表内容。

4．核对信息

查看并校对客人提供的地区传真号码，确保无误。

5．发送传真

按发送键发送传真。若电话占线，应重复拨号或启用自动拨号装置。传真发送完后，打出发送情况报告，查看时间，连同原件一起交给客人。

6．收取费用

按酒店价目表准确计算费用，填写收费单，请客人付款或签单。

7．善后工作

将账单送至总台收银处，在计算机系统中填写商务中心每日传真发送报表（图 5-4）。

| 商务中心传真发送记录 | | | | | |
|---|---|---|---|---|---|
| 时间 | 姓名 | 发送内容 | 发送对象 | 备注 | 值班人 |
| | | | | | |
| | | | | | |
| | | | | | |
| | | | | | |
| | | | | | |
| | | | | | |
| | | | | | |
| | | | | | |
| | | | | | |
| | | | | | |
| | | | | | |
| | | | | | |
| | | | | | |
| | | | | | |
| | | | | | |
| | | | | | |
| | | | | | |
| | | | | | |
| | | | | | |
| | | | | | |

图 5-4　商务中心每日传真发送报表

## （二）接收传真

1．分类

将传真机接收到的传真进行分类，在计算机系统中填写商务中心每日传真来件报表。

2．信件处理

根据所接收信件的收件人信息，确认收件人是否为住店宾客。若为住店宾客，在计算机系统中查找其房号，核实房号后在信件正面注明，并在总台留下“留言单”，客人得到信息前来取件时应详细登记，经办人一并登记存档。若收件人不是住店宾客，一般应保留半个月，做好有客人前来查询的准备工作，过期后集中处理。

试一试

如果你是小王，此时应该如何应对宋先生的投诉？在工作中遇到客人要传送字体小且排版密集的文件时，应如何处理？

## 三、票务受理

想一想

某日早班，小王正在商务中心为宾客打印文件，此时住在酒店 1216 房间的于先生打电话来商务中心咨询订票事宜，小王记下了于先生的房间号码。处理完宾客打印的文件后，小王立即给于先生回了电话。根据于先生的要求，小王在火车站铁路客户服务中心网站上查询，发现于先生要订的车次没有票了，于先生失望地叹了口气。

小王为于先生提供了什么服务？其工作流程和要求是怎样的？

票务服务一般为住店宾客提供火车票、飞机票、船票等各种票务服务。服务人员应根据实际情况，掌握各种票务的出票时间和购票操作流程，做好服务工作。

### （一）辅助宾客网上购票

**1．了解宾客订票需求**

热情友好地与宾客打招呼，了解宾客订票要求中的航班、线路、日期、车次等信息。

**2．辅助宾客购票**

请宾客打开购票软件，耐心友好地帮助宾客在购票 APP（图 5-5）、第三方网站上购票，也可以在宾客同意的情况下帮助宾客完成选票事宜。

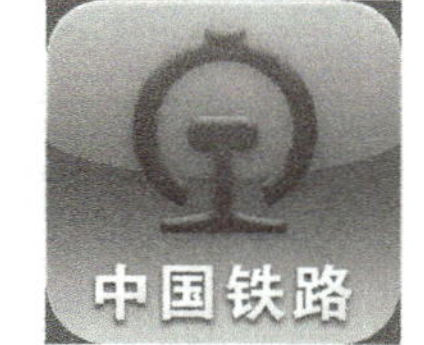

图 5-5　铁路 12306 APP

**3．核实票务信息**

核实宾客到达的目的地、出发日期、出发时间、座次等信息，确保准确无误。

**4．购票**

点击“提交订单”按钮，完成购票。

**5．再次查看**

点击“订单查询”栏目，查询已完成的订单信息。

**6．再次提醒**

购买成功后，提醒宾客，凭有效证件，到机场可以办理登记手续，到车站可以直接取票。

### （二）代客购票

**1．了解订票需求**

主动与客人打招呼，确认为住店客人，问清客人订票要求中的航班、线路、日期、车次等信息，快速查验票源情况，如不能满足客人的要求，应礼貌致歉并询问客人是否延期或更改班次。

### 2. 介绍票务规定

向宾客介绍票务服务的规定和相关的收费标准，如退票、改签业务等。

### 3. 填写委托代办委托书

（1）办理订票手续时，先请宾客出示有效证件，填写订票委托信息（图 5-6），尤其要写好宾客姓名、身份证号、联系电话，并再次检查，确保无误。请宾客签字。

（2）请宾客预付票款。在订票委托单上注明已收订票款。

（3）将订票确认单交给宾客，将预付款信息录入计算机的预订系统中。

（4）把订票确认单的宾客联交给宾客，作为取票凭证。

SHUNHE HOTEL GROUP
舜和酒店集团

委托代办委托书

CONCIERGE ORDER　　0000511

客人姓名 GUEST NAME: ________　　房号 ROOM NO.: ________

日期 DATE: ____D ____M ____Y

委托事项 SERVICES REQUESTED:

________________________________

________________________________

________________________________

________________________________

现预收现金（大写）　　元 ¥：

PAID BY CASH SERVICE FEE________　　________

待委托事项办毕，凭发票或收据据实结算，并另外支付委托代办服务费

The payment is based on the invoice or receipt, with service fee (amount)

（大写）________　　元 ¥：________

宾客须知：Notices:

1、本委托书由接受经办日期起一个月有效，过期后委托人所委托事项自动失效，宾馆不接受查询，不负责保管票据或款项
This order is valid for one month from date of issue. After this time. The hotel will not be responsible for any inquiry, preservation charges can not be reimbursed in the case of unsuccessful services.

2、如需到本店以外办理委托之业务，完成与否，均需收取代办费用
The transportation charges can not be reimbursed in the case of unsuccessful services.

3、本店不负责在委托代办所提供服务中出现的任何遗失和损坏。
The hotel is not responsible or liable for any loss or damage caused by services rendered in concierge service.

4、本人已明确及接受以上各项委托条件。
I hereby declare I have understood and will accept all the commission terms above.

宾客签名 Guest Signature ________　　经办人 Clerk________

日期 Date D M Y　　日期 Date D M Y

一式两联：白联存根　黄联客人

图 5-6　委托代办委托书

### 4. 代客订票

按照宾客的需求订购车票。

### 5. 结算

出票后，服务人员应及时与宾客联系，请其前来取票。告知宾客订票费用。请客人检

查车票信息，提醒客人订票班次、时间等信息，请其签收。待向客人致谢以后，目送客人离开。

注意事项：

车票出票后，也可由行李员送至宾客房间，应面对面交给宾客，并请宾客检查车票信息并当面签收。

试一试

于先生的叹息令小王感到十分失落，他十分希望可以帮助于先生，于是他想到了转站的方式。如果你是小王，接下来将如何帮助于先生订一张联程票？对于小王这种尽力为客人提供服务的精神，你有什么感想？

## 四、会议室服务

想一想

某日，住在酒店1526房间的张先生带着6名手提公文包的客人前来酒店前台，表示他们需要谈一些事情，询问可否带他们去自己的房间逗留两到三个小时。此时正是小王值班，他应如何处理？

### 1. 了解宾客需求

商务中心接到宾客的预订时，要先了解宾客的需求，如是否为住店宾客，预订人姓名、联系电话，参加会议人数，会议室使用起止时间，会议室布置等信息。

### 2. 介绍会议室

介绍会议室的收费标准、面积、朝向、设施设备等，可带宾客参观会议室（图5-7）。

图5-7 会议室

### 3. 办理预订

当宾客确认预订后，按照规定办理预订手续，请宾客交付订金并在预订单上签字。

### 4. 会议室布置

按照宾客要求，提前准备好会议室并进行布置。调试设备，确保设备正常无误。

### 5. 会中服务

密切关注客人在会议期间的需求，例如文件复印、扫描，提供办公用品，调试投影设备等。

### 6. 费用结算

会议结束后，请宾客结算费用，按宾客需求开具发票。

**试一试** 某日，酒店住客朱先生前来商务中心，预订了一间可供12人开会的会议室，明天使用。如果你是小王，你将如何为他提供服务？

## 五、租赁服务

**想一想** 某日，酒店客人李先生来到商务中心，称自己第二天临时需要做一个报告，但是没有存储PPT的U盘，询问是否可以在商务中心购买U盘。小王听完后表示酒店可以提供租借U盘的服务。除了租借U盘，酒店商务中心还可以提供哪些物品的租借服务呢？服务流程是怎样的呢？

常见的租借物品有照相机、充电宝、U盘等。

租赁服务的流程如下：

### 1．礼貌问候

礼貌问候宾客，如“先生/女士您好，有什么可以帮您？”

### 2．确认是否为住店宾客

确认宾客是否为住店宾客，确认其房号。询问其需要租赁的物品。

### 3．说明租借事宜

耐心地向宾客介绍租借物品的收费标准和注意事项，若有损坏，须进行赔偿。

### 4．请宾客确认物品

请宾客调试并检查租赁的设备，确保设备完好。向宾客介绍使用方法和注意事项。请宾客确认后在物品出租登记表（图5-8）上签字。收取押金。

物品出租登记表

| 时间 | 姓名 | 联系方式 | 物品 | 出租时间 | 归还时间 |
|---|---|---|---|---|---|
| 1 | | | | | |
| 2 | | | | | |
| 3 | | | | | |
| 4 | | | | | |
| 5 | | | | | |
| | | | | | |
| | | | | | |
| | | | | | |
| | | | | | |
| | | | | | |
| | | | | | |
| | | | | | |
| | | | | | |
| | | | | | |
| | | | | | |
| | | | | | |
| | | | | | |
| | | | | | |
| | | | | | |
| | | | | | |

图5-8　物品出租登记表

### 5. 回收设备

回收宾客归还的设备时，要进行检查，确保设备完好无损。

**试一试** 没过多久，李先生气冲冲地回到了商务中心，表示商务中心的U盘里有病毒，现在他的便携式计算机感染了病毒无法工作，而他第二天做报告需要的数据都在计算机里，PPT也还没有完成。如果你是小王，此时应当如何处理？

## 模块实训

案例内容：某日，商务中心来了一位60多岁的女士，她说着一口不太流利的中文。她表示想到北京游玩一天，可是又担心手机没电，而且还想给在中国的朋友寄卡片。她想请服务人员帮助她。

实训内容：在老师的指导下，全班学生分组，根据案例内容模拟商务中心服务。

实训要求：小组团结合作，形式具有创意，操作规范。

实训时间：30分钟/组。

## 考核评价

商务中心服务考核标准，见表5-1。

**表5-1　商务中心服务考核标准**

考核时间：30分钟　　考核总分：100分

| 考核内容 | 考核要点 | 学生互评 | 教师评分 |
|---|---|---|---|
| 租赁服务（27分） | 1. 热情友好地问候宾客 | | |
| | 2. 耐心介绍设备租借费用和注意事项 | | |
| | 3. 确认宾客是否为住店客人 | | |
| | 4. 确定充电宝是满电状态 | | |
| | 5. 问清宾客房号 | | |
| | 6. 请宾客确认充电宝是完好无损的 | | |
| | 7. 请宾客在物品出租登记表上签字 | | |
| | 8. 确认宾客租赁的起止时间 | | |
| | 9. 宾客归还时要再次进行检查，确保设备完好无损 | | |
| 代发信件服务（10分） | 1. 问清宾客邮寄的卡片是否已填写 | | |
| | 2. 问清宾客卡片的邮票是否已贴好 | | |
| | 3. 向宾客说明买邮票的费用是有偿的 | | |
| 辅助宾客订票（18分） | 1. 询问宾客是否需要帮忙订票 | | |
| | 2. 了解宾客的线路、出行日期等 | | |
| | 3. 核实票务信息 | | |
| | 4. 帮助宾客完成订单 | | |
| | 5. 再次查看订单信息并确认无误 | | |
| | 6. 嘱咐宾客需带有效证件提前到车站取票 | | |

（续）

| 考核内容 | 考核要点 | 学生互评 | 教师评分 |
|---|---|---|---|
| 小组汇报（45分） | 1．积极表现 | | |
| | 2．有礼有节 | | |
| | 3．发言响亮、清晰，有条理 | | |
| | 4．组内成员尊重他人发言，善于倾听 | | |
| | 5．表演真实、形式有创意 | | |
| | 6．精神饱满，能较好地运用姿态、手势、表情，清晰地展示内容 | | |
| | 7．自信、自然，表演具有较强的感染力、吸引力和号召力 | | |
| | 8．仪容仪表符合职业要求 | | |
| | 9．语言表达得体、清晰、流利 | | |
| | 10．无口头语 | | |
| | 11．小组成员表演顺序自然、配合顺畅 | | |
| | 12．时间控制得当 | | |
| 总分 | | | |
| 教师评语 | | | |

注：总分＝学生互评分×30%+教师评分×70%。满分为100分，60分以下为不合格，60～74分为合格，75～85分为良好，85分以上为优秀。

## 知识加油站

### 商务中心的超值服务

2019年8月3日，商务中心服务员小王接待了一对来自泰安的老夫妇。两位老人七十多岁了，自己来济南旅游，房间是由二老的女儿在网上预订的，老人们想知道济南有哪些景点适合他们游玩。

于是，小王耐心地为两位老人讲述了济南市的趵突泉、大明湖和千佛山三大著名景点，老先生听得非常认真，还不时地用纸笔记录下来。讲解结束后，小王觉得对这对老年夫妇的服务还没有结束，他觉得自己还可以做得更好。于是他为两位老人上网查询了这三大景点的相关信息，例如景区的门票价格，老年证件是否可以跨地市使用，以及乘坐的车次和其他注意事项。最后，小王为老人制定了最合理的游览路线，并留了自己的名字和手机号码，叮嘱老人如果有问题可以随时打电话。两位老人非常感动，直说小王就像自家孩子一样亲切！

对客服务要细心真诚，对待特殊群体更要有耐心，以心换心才能赢得顾客的心。

## 思考题

### 一、填空题

1．酒店电话总机以________为媒介，直接为客人提供各项服务，包括__________、挂拨国际或国内长途、__________、查询、IDD等。

2．转接电话的流程为__________、__________、__________、礼貌服务。

3．酒店商务中心提供的服务一般有____________、____________、____________、__________等。

**二、判断题**（正确的打“√”，错误的打“×”）

1．总机提供的叫醒服务是24小时服务，又可细分为人工叫醒和自动叫醒两类。（ ）

2．在客人等候转接期间，要按音乐键，播放轻柔悦耳的音乐。（ ）

3．工作繁忙时，话务员通常应先接酒店外部电话，再接住店客人内部电话，最后接部门之间的电话。（ ）

**三、简答题**

1．转接电话时如何做到准确无误？

2．商务中心文员应如何为客人提供传真服务？

3．人工叫醒服务与自动叫醒服务有哪些区别？

# 学习单元六　解析前厅销售服务

## 单元指南

本单元将为学生详细介绍酒店前厅的各项销售服务，向学生展示一套完整的前厅销售服务流程。从基本的房态类型入手，为学生介绍关于房价种类及构成的相关知识，培养学生灵活运用各种销售策略的能力。

重点 房态房价　
难点 客房销售

## 模块一　了解房态房价

## 学习情景

某日，刚刚办理了入住登记手续的客人刘先生来到总台，客气地对小王说："我是2216房间的客人，我刚进房间没一会儿，就有服务人员来敲门，说要整理房间，是不是我的这个房间还没有清理过？可以给我换一间吗？"小王心里一沉，虽然计算机上的房态显示2216房是OCC房，但可能还没来得及通知楼层服务员，因此服务员仍旧以为这是VD房而前去整理，这才被刘先生撞见。小王向刘先生解释道："酒店规定对于没有人住的房间也要隔天做简单整理，您的房间还没有被简单整理，但一定是干净的，请您放心。"但刘先生并没有相信小王的解释，有些不悦地坚持要求换房。小王没有办法，只得帮他换了一间客房。

## 应知应会

### 一、控制房态

想一想

小王的处理方式恰当吗？是什么原因造成了这次误会呢？情景中出现的房态（OCC房和VD房）各自是什么含义呢？

#### （一）客房状态种类

（1）住客房（Occupied room，OCC），即住店宾客正在使用的客房。

（2）空房（Vacant Clean，VC），即已清扫整理、经检查可供出租的客房，又称为可售房。

（3）走客房（Vacant Dirty，VD），即客人已退房离店，处于清扫整理阶段的客房。

（4）待修房（Out-of-Order，OOO），即正在进行维修、改造的客房。

（5）保留房（Blocked Room，BR），为即将入住酒店的宾客预留的房间。通常总台服务员会在计算机预订系统中提前做好标记，防止误将本房间出租给其他宾客而引起麻烦。

（6）外宿房（Sleep-Out，S/O），即住店宾客在外过夜的房间。

**注意事项：**

一般情况下，总台服务员应在计算机预订系统中标注本房间的宾客外出未归，并通知大堂副理和客房部。双锁该房间，并做好记录。待宾客返回后，为宾客开启并做说明。

（7）携带少量行李的住客房（Light Baggage，LB）。

**注意事项：**

一般情况下，客房部在预订系统中查看到此类房态，应在系统中做好标记，并再次通知总台，目的是防止逃账等意外情况的发生。

（8）请勿打扰房（Do Not Disturb，DND）。酒店服务员不能进入客房提供服务的房间（图 6-1）。

**注意事项：**

对于此类房态，客房服务人员应及时反馈，并对本客房加以关注。到了酒店规定的时间，房务中心或总台应给本房间打电话，弄清原因。

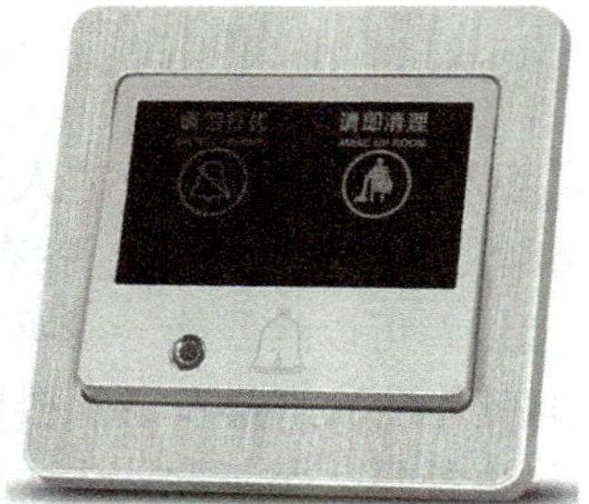


图 6-1　请勿打扰房

（9）OK 房，即服务员做完清扫，领班或主管检查完毕，确保无误可供宾客入住的房间。

（10）双锁房（Double Locked，DL）。房门被双锁，服务员无法用普通钥匙开启的房间。

**注意事项：**

出现双锁房的原因一般有三种：一是宾客不想被打扰而双锁；二是宾客的误操作；三是遇房间设备严重受损、有暴露的贵重物品或发生刑事案件时，将房间双锁，等候调查处理。

### （二）房态的控制

房态的控制流程如下：

（1）酒店各部门在计算机管理系统中查阅房间状态。

（2）各部门在每次输入前应确保输入指令准确无误，填写后要再次检查核对。

（3）总台服务员根据系统中的房间状态自主安排是否销售。

（4）房务中心根据房间状态安排需要提前打扫的房间，确保是 OK 房，以便销售。其中办理入住登记手续时需确认为 OK 房。

（5）房务中心应根据客房的状态，及时更新预订资料，便于总台掌握临时取消预订、预订不到、提前离店、延期离店等信息，做好客房销售工作。

（6）为确保客房显示状态的准确性，总台接待处、收银处、房务中心各部门应及时把宾客的入住、换房、离店等信息录入计算机管理系统中并核对，确保准确。

注意事项：

部门间信息沟通是否通畅、分房是否合理、入住后房态是否及时更改、换房服务程序是否正确、退房后房态是否及时更改、关闭楼层后有无对计算机内的信息进行相应调整，这些因素都会影响客房状态，使其发生变化。

试一试

某日，小王当值时接到了一位客人的电话，对方称自己预订了酒店 2628 房间，想跟酒店确认一下。小王马上查询了计算机管理系统，发现 2628 房是 OCC 房，此时小王应如何做？

## 二、制定酒店房价

想一想

某日，小王为张小姐办理了入住登记手续。张小姐一个月前在网上以每晚 220 元的价格预订了一个标准间，由于最近本市举办某博览会，旅客激增，酒店房价也随之发生了变化，现在酒店标示牌上显示的标准间价格为 360 元。同样是标准间，为什么价格不同呢？

### （一）房价的构成

酒店客房价格由客房商品的成本和利润决定。客房商品的成本包括建筑投资及其利息、物资用品消耗费、土地资源使用费、经营管理费、客房服务人员工资福利等。利润包括所得税和客房净利润。

### （二）收费方式

根据不同的收费方式（表 6-1），可将酒店客房划分为五种类型。

表 6-1　客房收费方式

| 名　称 | 英文名称及简称 | 收 费 方 式 |
|---|---|---|
| 欧洲式 | European Plan，EP | 只含房费，不含任何餐费 |
| 美国式 | American Plan，AP | 包含房费和一日三餐的费用，被称为“全费用计划方式” |
| 欧洲大陆式 | Continental Plan，CP | 含房费及欧陆式早餐，早餐主要有冷冻果汁、烤面包、咖啡和茶 |
| 修正美式 | Modified American Plan，MAP | 含房费和早餐费用，还包括一顿午餐或晚餐（两者任选一个）的费用 |
| 百慕大式 | Bermuda Plan，BP | 含房费及美式早餐 |

### （三）影响客房定价的因素

（1）定价目标。定价目标是影响客房定价的首要因素。客房定价目标包括追求利润最大化、提高市场占有率、实现预期投资收益率等。

（2）成本水平。成本关系到价格的下限，否则很容易导致亏损。

（3）市场供求关系。市场供求关系是影响房间价格的重要因素。当供给大于需求时，应考虑降低价格；当需求大于供给时，则是酒店盈利的最佳时期，可以考虑适当提高价格。

（4）竞争对手价格。同一地区、同一档次的酒店房价，是酒店定价的重要决策依据。

（5）酒店地理位置。地理位置优越的地区，客流量大，客房的出租率高，竞争力强，定价就高。

（6）酒店服务质量。服务人员的服务礼仪及服务质量对酒店的房价制定有重要的影响。

（7）价格政策。

（8）客人的消费心理。

（9）旅游行业的季节性。

### （四）房价的种类

依据接待对象、时间等不同，客房价格分为多种类型（表 6-2）。

表 6-2　房价的种类

| 种　类 | 内　容 |
|---|---|
| 标准价 | 即门市价，不含服务费或折扣等 |
| 家庭租用价 | 酒店为携带儿童的父母提供的优惠价 |
| 淡季价 | 经营淡季时为客人提供的折扣价 |
| 旺季价 | 营业旺季，酒店为最大限度地提高客房收入而制定的提高后的价格 |
| 团队价 | 为长期与旅行社建立合作关系、维护酒店长期稳定的客源而给予的价格 |
| 商务合同价 | 为与有关公司或机构长期合作而提供的住店折扣价格 |
| 折扣价 | 为常客、长住客或特殊身份的客人提供的折扣价格 |
| 小包价 | 即一揽子报价，包括房费、餐费、交通费等 |
| 免费 | 由于某些原因，为特殊客人提供需总经理批准的免费房 |
| 白天租用价 | 当客人凌晨入住、离店超过规定时间或入住与退房发生于同一天时，可按白天租用价收取房费 |

试一试

小王所在的酒店自助早餐十分丰富，有果汁、茶、咖啡、烤面包、鸡蛋、烤肉、海鲜、水果、各类糕点等 200 多个品种。早餐包含在房费中，但是午餐和晚餐不包含在内。请分析这家酒店的房费属于哪种计价方式？

## 模块实训

实训内容：在老师的指导下，全班同学分组，根据各星级酒店客房定价调研表（表 6-3）的内容，到三、四、五星级酒店对酒店客房定价方法及影响因素进行实际调研，分析各星级酒店客房定价之间存在的差异及其原因，形成调研心得，并制成 PPT 进行汇报。

实训要求：图文并茂，可适当添加采访视频。

实训时间：30 分钟 / 组。

表 6-3　各星级酒店客房定价调研表

| 序　号 | 调研内容 | 酒店等级 | | |
|---|---|---|---|---|
| | | 三星级 | 四星级 | 五星级 |
| 1 | 房价高于同级竞争者 | | | |
| 2 | 房价低于同级竞争者 | | | |
| 3 | 房价与同级竞争者相同 | | | |
| 4 | 价格在成本之上 | | | |
| 5 | 客房数量供过于求 | | | |
| 6 | 客房数量供小于求 | | | |
| 7 | 客房数量供求平衡 | | | |
| 8 | 酒店位于市中心 | | | |
| 9 | 酒店位于旅游区 | | | |
| 10 | 酒店交通便利 | | | |
| 11 | 处于旺季 | | | |
| 12 | 处于淡季 | | | |
| 13 | 酒店有美发厅、咖啡厅等休闲娱乐设施 | | | |
| 14 | 酒店有美容、桑拿等特色服务项目 | | | |
| 15 | 酒店员工注重仪容仪表，注重礼貌礼节 | | | |
| 16 | 服务态度良好、服务技巧熟练 | | | |
| 17 | 服务人员服务效率高 | | | |
| 18 | 有控制房价的地方政策 | | | |
| 19 | 酒店有相应的商业广告和知名度 | | | |
| 20 | 酒店环境优雅 | | | |
| 21 | 酒店周围无噪声 | | | |
| 22 | 酒店客人以散客为主 | | | |
| 23 | 酒店客人以团体为主 | | | |
| 24 | 客房收费方式包含餐费 | | | |
| 25 | 价格包含服务费或折扣 | | | |
| 26 | 营业旺季时房价将上调一定的百分比 | | | |
| 27 | 为携带儿童的父母提供优惠价 | | | |
| 28 | 淡季时为客人提供折扣价 | | | |
| 29 | 为有关公司或机构提供住店折扣 | | | |
| 30 | 为常客、长住客或特殊身份的客人提供折扣 | | | |
| 31 | 有免费房 | | | |

## 考核评价

酒店客房定价考核标准，见表 6-4。

**表 6-4 酒店客房定价考核标准**

考核时间：30 分钟　　考核总分：100 分

| 考核内容 | 考核要点 | 学生互评 | 教师评分 |
|---|---|---|---|
| 展示形式（10 分） | 1．PPT 界面美观大方 | | |
| | 2．PPT 符合酒店风格 | | |
| | 3．PPT 的颜色、字体、字号、间距等前后一致 | | |
| | 4．PPT 规范清楚，思路清晰 | | |
| | 5．PPT 中文字和图片结合，图片原创 | | |
| | 6．PPT 中有视频展示，且视频为原创 | | |
| | 7．PPT 中的视频经过剪辑包装 | | |
| 展示内容（55 分） | 1．PPT 首页上有汇报题目、小组成员姓名、日期 | | |
| | 2．调研的三星级酒店的简介且有酒店客房图片 | | |
| | 3．调研的四星级酒店的简介且有酒店客房图片 | | |
| | 4．调研的五星级酒店的简介且有酒店客房图片 | | |
| | 5．根据各星级酒店客房定价调研表中的内容总结三、四、五星级酒店客房定价的特点 | | |
| | 6．根据各星级酒店客房定价调研表中的内容总结三、四、五星级酒店客房定价的影响因素 | | |
| | 7．根据各星级酒店客房定价调研表中的内容总结三、四、五星级酒店客房定价的差异 | | |
| | 8．调研心得 | | |
| | 9．PPT 尾页有结束语 | | |
| 小组汇报（35 分） | 1．积极发言 | | |
| | 2．发言有礼有节 | | |
| | 3．发言响亮、清晰、有条理 | | |
| | 4．组内成员尊重他人发言，善于倾听，及时补充自己的想法 | | |
| | 5．对问题阐述清楚、有逻辑，并且有一定的分析 | | |
| | 6．精神饱满，能较好地运用动作、手势、表情，清晰地表达内容 | | |
| | 7．自信、自然，面带微笑，汇报具有较强的感染力、吸引力和号召力 | | |
| | 8．语言表达得体、流利，基本能脱稿 | | |
| | 9．无口头语 | | |
| | 10．小组成员讲解顺序自然、配合顺畅 | | |
| | 11．具有有吸引力的开场白和总结性的结尾 | | |
| | 12．小组汇报时间控制得当 | | |
| 总分 | | | |
| 教师评语 | | | |

注：总分 = 学生互评分 ×30%+ 教师评分 ×70%。满分为 100 分，60 分以下为不合格，60 ～ 74 分为合格，75 ～ 85 分为良好，85 分以上为优秀。

## 知识加油站

### 客房定价方法

**1. 千分之一法**

千分之一法即将每间客房的价格确定为客房平均造价的千分之一。

**2. 客房面积定价法**

客房面积定价法是以客房预算总收入为依托，计算出单位面积的客房应取得的收入，从而确定每间客房应取得收入的定价方法。

**3. 赫伯特定价法**

赫伯特定价法是以目标收益率为定价出发点，以各项成本费用以及酒店利润指标为前提，通过计算客房部应承担的营业收入指标，进而确定房价的客房定价法。

**4. 收支平衡定价法**

收支平衡定价法是以成本为导向，根据成本、销售量、利润的关系，计算出收支平衡点，从而实现损益平衡，以此确定房价的定价方法。

# 模块二　探究客房销售技巧

## 学习情景

某天晚上 11 点来了两位客人，总台恰好由小王值班，他很有礼貌地接待了客人，并热情地向客人介绍了酒店的客房。听了小王的介绍，客人非常满意。但是客人的公司对出差住房的报批价格有规定，他们希望酒店可以给予七折优惠，小王很遗憾地表示，酒店现在确实可以打折，但是他的权限只可以提供九折优惠，最后客人失望地离开了酒店。

小王应向宾客介绍酒店的什么特色？酒店在销售客房时会向宾客推销酒店哪些方面的有形产品？

## 应知应会

### 一、客房销售的内容与程序

#### （一）销售内容

前厅的销售内容包括酒店地理位置（与交通枢纽及旅游景点等的距离、周边环境）、酒店设施及有形产品（健身、娱乐场所、餐厅等）、酒店形象（历史、知名度、信誉、服务等）、酒店气氛、酒店服务（服务意识、服务知识、服务技能）等。其中酒店服务是最重要的部分，是无形的服务，突出酒店个性化服务，能够给客人留下美好的印象。

### （二）前厅销售程序

前厅销售可分为掌握特点、介绍客房、洽谈价格、展示客房、促成交易五个程序。

**1. 掌握特点**

前厅部人员应了解酒店目标宾客的需求及特点，利用客史档案资料，进行有针对性的、个性化的服务。

其销售技巧有：为商务客人提供商务房；为携带儿童的家庭选择相连房；为新婚夫妇提供安静、温馨的大床房；为老年人提供靠近电梯且低楼层的客房等。

**2. 介绍客房**

介绍客房时应察言观色，根据宾客的不同特点，向客人介绍客房的优点、能提供的便利条件、附加的心理满足等，从而提高房间的价值。

其销售技巧有：介绍套房时强调气派；介绍邻近电梯的客房时强调进出方便。

**3. 洽谈价格**

了解宾客的需求，强调客房价值，有技巧地报出客房的价格，易于被宾客接受。

其销售技巧有：在与宾客交谈过程中选择合适的时间提出客房的价格，避免硬性推销。

**4. 展示客房**

向客人展示客房宣传册、广告宣传资料，必要时带客人参观不同类型的客房。

其销售技巧有：展示客房时由高档向低档展示，服务要热情、礼貌。

**5. 促成交易**

察觉宾客对推销的客房感兴趣时，采用策略性语言和方式努力促成交易。

试一试

某日，小王接到了一个电话，对方想预订3日后的两个标准间，打算预订5天。但由于该市恰巧在办一个博览会，酒店要接待多名参会代表，标准间都已经订满了，但其他房型还有空余。如果你是小王，你会如何做呢？

视频6-1　客房销售程序与技巧

## 二、客房销售技巧

张小姐经常招待合作伙伴，对本市的多家酒店比较熟悉。某日，她带着几位客人挑选酒店，看过几家都不太满意。当他们来到小王所在的酒店时，小王马上上前称呼张小姐的全名并礼貌问候，对他们表示欢迎。张小姐感受到了酒店对她的重视，心里十分开心，向同行的几人简单介绍了酒店并且大大夸赞了酒店的服务，一行人最终决定入住小王所在的这家酒店。

## （一）具备良好的职业素质

前台接待人员必须具备良好的职业素质，这是成功推销客房的前提。服务人员应做到熟悉本酒店及竞争对手酒店的基本情况和特点；清楚本地区的旅游项目与服务设施；在对客服务时，要认真观察，判断顾客的心理及需求，提供快捷规范的服务；推销客房时，要做到热情积极、站姿端正。

## （二）客房销售技术

前台接待人员应掌握一定的客房销售技术（表6-5）与技巧，把握顾客的需求特点和心理，做好有针对性的销售。

表 6-5　客房销售技术

| 销售技术 | 具体事项 |
|---|---|
| 熟记客人姓名 | 服务过程中以姓名称呼顾客，会给顾客亲切感，但要注意把握分寸，要使用敬语 |
| 善于聆听 | 掌握客人的需求，及时解释客人的疑问 |
| 使用第三者意见 | 可以采用某位顾客、旁观者的意见或某一件事、某种现象或统计数字等来促成交易 |
| 高码讨价法 | 按照由高及低的方式报价，就可以将顾客所能接受的最高房价的房型销售给顾客。但要注意，在推荐时也要考虑到顾客的消费水平和特点 |
| 利益引诱法 | 与高码讨价法相反，即由低到高进行报价的方式，指顾客在接受廉价客房的基础上，员工通过推销饭店气氛、附加服务，在原标准之上提高一点价格，即可获得更多利益 |
| 选择适当的报价方式 | 鱼尾式报价：先介绍服务设施、服务项目、客房、特点，最后报出房价，适合推销高档客房 |
| | 夹心式报价：将价格置于提供的服务项目中，适合中高档客房 |
| | 冲击式报价：先报房价，再介绍服务设施、项目，适合价格较低的客房 |
| 推荐附加服务 | 针对顾客的心理和需求，结合时间和场合，提供附加服务，如美容、用膳、洗烫等 |
| 多提供合理建议 | 当顾客出现犹豫时，根据顾客特点，提供积极的、有价值的、有针对性的建议 |

**试一试**　酒店客房销售人员在日常工作中会遇到各种各样的顾客，假如你是接待员小王，当你向顾客推销酒店的高级套房时，顾客犹豫不决，你会怎么做呢？

# 模块实训

实训内容：全班学生分组，在老师的指导下，分角色模拟客房销售，展示客房销售程序与技巧。

实训要求：程序规范，表演完整，配合默契。

实训时间：20 分钟 / 组。

## 考核评价

客房销售程序与技巧考核标准，见表 6-6。

**表 6-6 客房销售程序与技巧考核标准**

考核时间：20 分钟　　考核总分：100 分

| 考核内容 | 考核要点 | 学生互评 | 教师评分 |
|---|---|---|---|
| 展示内容（55 分） | 1. 仪容仪表符合职业规范 | | |
| | 2. 谈吐大方，举止自然 | | |
| | 3. 站姿端正，态度热情 | | |
| | 4. 和客人保持眼神交流 | | |
| | 5. 知晓客人名字，对话中至少称呼客人三次 | | |
| | 6. 使用礼貌用语 | | |
| | 7. 识别客人需要 | | |
| | 8. 强调客房价值、解答客人问题 | | |
| | 9. 向客人展示客房宣传册或广告宣传资料 | | |
| | 10. 带客人参观不同类型的客房 | | |
| | 11. 采用策略性语言和方式 | | |
| | 12. 不可硬性推销，不可急于报价、定价 | | |
| | 13. 使用促销语言 | | |
| | 14. 注意把握分寸，使用敬语 | | |
| | 15. 使用第三者意见 | | |
| | 16. 从高到低报价 | | |
| | 17. 选择“鱼尾式、夹心式、冲击式”中的任一报价方式 | | |
| | 18. 报价方式适当 | | |
| | 19. 客人犹豫不决时，提出合理建议 | | |
| | 20. 准确使用利益引诱法 | | |
| | 21. 客人离开柜台时，向客人表示感谢并祝客人居住愉快 | | |
| 小组汇报（45 分） | 1. 积极表现 | | |
| | 2. 有礼有节 | | |
| | 3. 发言响亮、清晰、有条理 | | |
| | 4. 组内成员尊重他人发言，善于倾听 | | |
| | 5. 表演真实、形式具有创意 | | |
| | 6. 精神饱满，能较好地运用动作、手势、表情，清晰地展示内容 | | |
| | 7. 自信、自然，表演具有较强的感染力、吸引力和号召力 | | |
| | 8. 语言表达得体、流利 | | |
| | 9. 无口头语 | | |
| | 10. 小组成员表演自然、配合顺畅 | | |
| | 11. 时间控制得当 | | |
| 总分 | | | |
| 教师评语 | | | |

注：总分 = 学生互评分 ×30%+ 教师评分 ×70%。满分为 100 分，60 分以下为不合格，60 ～ 74 分为合格，75 ～ 85 分为良好，85 分以上为优秀。

## 知识加油站

### 原则性与灵活性相结合

严先生刚刚加入某公司。该公司经常派遣员工到A市出差，于是与A市某酒店签了优惠协议，只要员工提前预订或者携带公司开具的介绍信，就可以以优惠的合同价入住酒店。某日，严先生来A市出差，由于事发突然没有来得及预订，只听同事说入住该酒店可以享受合同价，并不知道需要携带公司的介绍信。小王按照酒店规定拒绝了严先生以合同价入住的要求，严先生十分不快。小王思考了一下，提出请严先生暂时以酒店当日的优惠价入住，等公司开具了证明后，再将房价更改为合同价。严先生同意了小王的建议。小王马上与严先生的公司联系，公司第二天就向酒店传真了相关材料，小王遂将房价改为合同价。

遇到这种情况时，酒店服务人员首先应当遵守酒店的规定，但同时不可生硬地拒绝客人要求，否则不仅可能导致客人投诉，还可能使酒店失去长期客户。服务人员应注意合理使用语言的艺术，随机应变，灵活处理，争取得到客人理解。

## 思考题

**一、填空题**

1．OCC房是指住店宾客______的客房，DND房是酒店服务人员______的房间。

2．______________是客人已经结账离店，正处于清扫整理阶段的客房。

3．酒店客房价格由______和______决定。

4．前厅销售可分为______、介绍客房、______、展示客房、促成交易五个程序。

**二、判断题**（正确的打“√”，错误的打“×”）

1．鱼尾式报价是指先报出房价，再介绍房间提供的服务设施和项目。此种方式适合推销价格比较低的房间，以报价打动客人。（　　）

2．住客在门把手上挂有“请勿打扰”牌或开启请勿打扰灯，意味着酒店服务人员不能进入客房提供服务。（　　）

3．走客房是指客人已退房离店，正处于清扫整理阶段的客房。（　　）

**三、简答题**

1．如何成功地推销客房？

2．在推销客房的过程中有哪些适当的报价方式？

3．酒店在销售客房时应向客人推销酒店的哪些方面？

# 学习单元七　熟悉前厅部管理

## 单元指南

本单元将帮助学生熟悉前厅部的人力资源管理，掌握客史档案的设置与管理方法，明晰投诉处理的程序和方法，使学生具备处理客人投诉的能力。使学生打破管理上的思维定式，提升社会竞争力。

重点 前厅部人力资源管理、客史档案　　

客人投诉的相关内容

## 模块一　把握人力资源管理

### 学习情景

旅游旺季刚刚过去，酒店客人开始变少，员工们也渐渐闲了下来。小王心想，如果趁淡季安排员工休息，不仅员工十分开心，酒店也可以节省一部分开支。于是他向经理提出了调休的建议。经理听后对小王主动思考的态度进行了鼓励，但拒绝了他的提议。小王十分不解，经理笑着给他分析道："现在调休不难，但是如果把员工后面的休息日都提到了现在，到接下来的旺季时会怎么样呢？"小王想象了一下连续工作 20 多天没有一天休息日的生活，不好意思地说："我想得太简单了。"

### 应知应会

经理为什么拒绝了小王的提议？管理前厅部的人力资源应当注意些什么呢？

#### （一）前厅部人力资源管理的概念

前厅部人力资源管理是管理者根据酒店情况，预估客情和工作量，合理调配人力资源，使各部门有效完成工作的一种管理手段。

#### （二）前厅部人力资源管理的目的

前厅部人力资源管理的目的是在保证酒店正常运营的前提下，减少人员编制，提高工作效率，降低费用成本。人员编制定额是由酒店全年平均工作量决定的。合理安排人力资源的前提

是酒店人员编制恰当。为此，酒店管理者应认真分析酒店情况，制定合适的前厅部岗位编制定额。

**1．确定组织机构**

管理者根据酒店的经营环境和目标客源确定前厅部组织机构和人员编制定额。

（1）大中城市的酒店以商务型和会议型为主。

1）商务型酒店：客流量大，没有淡旺季，客人平均逗留时间较短，岗位工作量较平均，客人对办理入住登记和离店手续要求较高，问讯、总机、客房预订、前厅结账、礼宾服务及商务中心的工作量有所增加。这就要求前厅部组织机构有精细的分工。

2）会议型酒店：有明显的淡旺季，客人平均逗留时间较长，各岗位工作高峰差异大，可适当合并或裁减部分岗位及人员。

（2）旅游度假区的酒店有各自的经营特色，多是中小型酒店。其特点是有明显的淡旺季，客源稳定，客人入住与离店时间较集中且平均逗留时间较长，电话、传真等商务设施使用较少。酒店可以合并或裁减部分岗位及人员，节省成本。

**2．预测各岗位工作量，确定工作定额**

前厅部各岗位的日平均标准工作量是前厅部编制定额的依据。确定前厅部组织机构后，预测并统计各岗位工作量和员工工作效率以确定岗位编制定员。

影响岗位工作量测定的因素有酒店规模、平均出租率、平均逗留时间、客源结构等。通常，平均工作量与酒店规模、平均出租率、平均逗留时间成正比，且散客和商务客人越多，工作量就越大。管理者预测及安排前厅部各岗位基本工作量时，应综合考虑的因素有气候，季节，当地商务投资环境，大型社会、文化、体育活动，大型商务活动等。

在一定的物质、技术和管理条件下，以正常的工作效率为前提，单位时间内应完成的标准工作量或完成单位工作量所消耗的时间叫作工作定额。单位工作时间内员工应完成的标准工作量叫作工作量定额；完成单位工作量所消耗的时间（标准工作效率）叫作时间定额。

确定前厅部工作定额的依据是经过培训的大部分员工的工作量定额或时间定额。

**3．确定岗位人员编制**

确定前厅部人员编制时，需考虑的因素为各部门及岗位的全年工作量，法律法规，员工工作效率、出勤情况，各岗位服务时间、班次等。

确定方法：确定岗位年平均工作量、标准工作定额、年平均日工作量后，利用岗位定员法确定前厅部各岗位人员编制。

## （三）前厅部人力资源管理的原则

**1．保证服务质量**

高品质的对客服务是酒店行业竞争中的制胜法宝。服务质量不过关，会影响酒店声誉、降低酒店收入。合理调配人力资源可以节约成本、减少开支、增加利润，但绝不意味着要降低服务质量。

管理者需要在具体分析、预测的基础上，合理调配，坚持提供高品质的服务。

**2．保证日常工作的顺利进行**

前厅部的工作内容众多，除对客服务外，还有制作酒店运营报表，收集、整理酒店客人资料等。因此，合理调配人力资源时，也要保证这些工作的正常运行。

**3. 提高员工的工作积极性**

管理者应充分考虑员工的合法权益，通过调配保证员工的工作积极性。

反之，人力资源调配不合理可能导致员工超负荷工作、疲劳程度上升，从而影响工作的积极性和主动性，降低服务质量。

## （四）前厅部人力资源管理的方法

**1. 员工班次**

（1）前厅部各岗位班次设定

不同类型的酒店，各岗位的工作量和服务特点差别较大。前厅部管理人员要根据酒店的自身特色、客源特点与实际情况做出不同的安排，合理安排各岗位员工的日常班次。

以城市商务酒店和旅游度假酒店为例，对比如下（表 7-1）：

**表 7-1 城市商务酒店与旅游度假酒店的对比**

| | 城市商务酒店 | 旅游度假酒店 |
| --- | --- | --- |
| 客源 | 多为商务型散客 | 多为游客 |
| 住客特点 | 客流量大，平均停留时间较短，预订、入住、离店时间较集中，行李服务也多集中在入住和结账高峰时段 | 客流量小，平均停留时间长 |
| 工作量 | 问讯、总机及商务中心的工作量较大 | 商务中心需求度很低，各岗位工作量相对较小 |
| 应对方法 | 全面考虑以上因素，分解部分岗位的工作量，减少班次，合理使用现有人力资源 | 合并岗位，无须设置商务中心，无须专门的行李人员 |

（2）预测客情，合理调配

前厅部管理人员根据前厅部各岗位人员的编制、未来客情等信息，为员工安排工作班次。

酒店各部门班次通常以周为单位排定。为使员工对工作有积极性，要保证员工的正常公休和节假日，可尽量将假期调至淡季。在旺季和工作高峰时间，应安排较多的员工。根据工作量和工作强度的差异，在酒店前厅部运转过程中合理分配人员。

**2. 人员调配**

客房入住率较高时，前厅部人员工作压力和强度较大，管理人员可以抽调相似岗位的工作人员进行支援：接待处和问讯处可互借人员；前厅部经理、副经理及大堂经理等可在接待处为客人办理入住登记手续；行李员人手不足时，可借用客房部、保安部等部门的闲置人员。酒店其他部门需要帮助时，前厅部也可派出本部门的闲置人员。

客房预订、商务中心等岗位，工作时间一般集中在上午 9 点至下午 5 点，故多数酒店为这些岗位设置一个正常班，其他时间由接待处人员完成。

员工工作的热情程度关系着工作的完成速度和完成质量，小王不禁开始思考，什么可以影响员工的工作热情呢？有什么办法可以提高员工的工作积极性呢？请你帮他想一想。

## 模块实训

实训内容：在老师的指导下，全班同学分组，根据调研表（表 7-2）的内容，到三星级、

四星级、五星级酒店对前厅部人力资源管理的方法进行调研（表 7-2），总结差异，形成调研心得，并制成 PPT 进行汇报。

实训要求：PPT 图文并茂，适当添加采访视频。

实训时间：20 分钟 / 组。

**表 7-2 前厅部人力资源管理方法调研表**

| 序号 | 调研内容 | 酒店等级 | | |
|---|---|---|---|---|
| | | 三星级 | 四星级 | 五星级 |
| 1 | 分解部分岗位的工作量 | | | |
| 2 | 减少班次 | | | |
| 3 | 合并岗位 | | | |
| 4 | 设置商务中心 | | | |
| 5 | 有专门的行李员 | | | |
| 6 | 保证员工正常公休和节假日 | | | |
| 7 | 尽量将假期调至淡季 | | | |
| 8 | 旺季和工作高峰时间，安排较多的员工 | | | |
| 9 | 前厅部人员工作压力较大时，抽调相似岗位的工作人员支援 | | | |
| 10 | 行李员人手不足时，借用客房部、保安部等部门的闲置人员 | | | |
| 11 | 其他部门需要帮助时，前厅部派出本部门闲置人员支援 | | | |
| 12 | 客房预订、商务中心等岗位，设置一个正常班，其他时间由接待处人员完成工作 | | | |

## 考核评价

前厅部人力资源管理方法考核标准，见表 7-3。

**表 7-3 前厅部人力资源管理方法考核标准**

考核时间：20 分钟　　考核总分：100 分

| 考核内容 | 考核要点 | 学生互评 | 教师评分 |
|---|---|---|---|
| 展示形式（10 分） | 1. PPT 美观大方 | | |
| | 2. PPT 符合酒店前厅整体风格 | | |
| | 3. PPT 颜色、字体、字号等前后一致 | | |
| | 4. PPT 规范清楚，思路清晰 | | |
| | 5. PPT 中文字和图片结合，图片为原创 | | |
| | 6. PPT 中有视频展示，且视频为原创 | | |
| | 7. PPT 中的视频经过剪辑包装 | | |
| 展示内容（50 分） | 1. PPT 首页上有汇报题目、小组成员姓名、日期 | | |
| | 2. 三星级酒店前厅部人力资源管理方法，有配图 | | |
| | 3. 四星级酒店前厅部人力资源管理方法，有配图 | | |
| | 4. 五星级酒店前厅部人力资源管理方法，有配图 | | |
| | 5. 根据调研表中的内容，总结三星级、四星级、五星级酒店在前厅部人力资源管理方法上的差异 | | |
| | 6. 调研心得 | | |
| | 7. PPT 尾页有结束语 | | |

（续）

| 考核内容 | 考核要点 | 学生互评 | 教师评分 |
|---|---|---|---|
| 小组汇报（40分） | 1. 发言积极 | | |
| | 2. 发言有理有据 | | |
| | 3. 发言响亮、清晰、有条理 | | |
| | 4. 组内成员尊重他人发言，善于倾听，及时补充自己的想法 | | |
| | 5. 阐述清楚、有逻辑，并且有一定的分析 | | |
| | 6. 精神饱满，能较好地运用动作、手势、表情，清晰地表达内容 | | |
| | 7. 自信、自然，面带微笑，汇报具有较强的感染力、吸引力和号召力 | | |
| | 8. 语言表达得体、流利，基本能脱稿 | | |
| | 9. 无口头语 | | |
| | 10. 小组成员讲解顺序自然、配合顺畅 | | |
| | 11. 具有有吸引力的开场白和总结性的结尾 | | |
| | 12. 小组汇报时间控制得当 | | |
| 总分 | | | |
| 教师评语 | | | |

注：总分 = 学生互评分 ×30%+ 教师评分 ×70%。满分为 100 分，60 分以下为不合格，60 ～ 74 分为合格，75 ～ 85 分为良好，85 分以上为优秀。

## 知识加油站

### 人力资源调配与控制应注意的问题

**1. 提倡业务培训**

对前厅部进行有效的人力资源管理，需要对员工进行岗位培训和交叉培训，培养一专多能的员工，提高其工作效率和业务水平。

**2. 遵守国家相关法律法规**

前厅部人力资源管理的前提是遵守国家相关法律法规，保证员工的合法权益。

**3. 公平、公正，一视同仁**

前厅部的管理者要做到公平、公正，对员工一视同仁。否则，员工与员工、员工与管理者之间容易出现矛盾，降低员工工作积极性的同时会给调配人力资源带来麻烦。

“公平、公正，一视同仁”不仅体现在员工工作时间安排上，还体现在对员工具体困难的体谅与照顾上。

# 模块二　建立客史档案

## 学习情景

某日，蔡先生来电预订一个套房，小王为其办好预订手续后发现这位蔡先生是第二次来住店。他迅速翻阅了客史档案，发现蔡先生喜欢睡荞麦枕，喜欢喝冰水。于是小王叮嘱客房部将蔡先生套房内的枕头换成了荞麦枕，并在房间的小冰箱里提前多放了一些

冰块。蔡先生入住后，看到床上的荞麦枕和冰箱里的冰块，对酒店的服务十分满意。

## 应知应会

想一想 小王是如何得知蔡先生的喜好的？其用途和内容是什么？如何管理？

### （一）客史档案的用途

**1．记录客人的信息，以便提供个性化服务**

个性化服务是服务质量的灵魂。要提高服务质量，必须为客人提供更加富有人情味的、突破标准与规范的个性化服务，这不仅是服务质量的最高境界，也是酒店服务的发展趋势。

（1）记录客人是否住过本店及入住的时间、次数，住店期间的爱好、习惯，喜欢的房型，住店目的，有无接待单位及接待单位的名称，以及住店期间的消费累计额、有无欠款或漏账、有无不良客史记录等。

（2）记录客人对酒店的批评、赞扬或投诉，具体涉及的方面和处理结果。

（3）了解客人的基本情况，便于酒店在元旦、春节等节日给客人寄贺卡，或寄发感谢信等。

（4）有利于践行“顾客就是上帝”的服务理念，保障酒店服务的标准化、规范化、细致化，方便酒店根据客人的需求提供个性化服务。

**2．建立良好的市场营销机制，提高酒店经营决策的科学性**

客史档案的建立，不仅能使酒店根据客人需求，为客人提供有针对性的、更加细致入微的服务，而且有助于酒店做好促销工作。

（1）充分利用客史档案，有利于酒店进行促销活动，建立良好的市场营销机制，争取更多回头客。

（2）客史档案可以最大限度地满足目标市场的需求，方便客人的同时使酒店获得利润。客史档案可以帮助酒店充分了解“谁是酒店的客人”“酒店的客人需要什么”“如何才能满足客人的需求”等信息，能够提高酒店经营对策的科学性。

### （二）客史档案的内容

客史档案是构筑酒店客户关系管理系统和客户忠诚系统的组合平台，为经营决策提供依据（表7-4）。

表7-4 各类客史档案的内容与作用

| 类别 | 内容 | 作用 |
| --- | --- | --- |
| 常规档案 | 住客的姓名、性别、民族、国籍、出生日期、有效证件号码、通讯地址、联系方式、职务头衔等 | 有利于酒店详细了解目标市场客人的基本情况 |
| 预订档案 | 预订的方式、种类、时间（年、月、日）、有无变更、预订单位及联系人等 | 有助于酒店选择合适的销售渠道，做好促销工作 |
| 消费档案 | 报价类别、所住客房及房价、同行人员、餐费及其他消费、酒店给予客人的优惠或折扣、客人的信用程度、账号等 | 帮助酒店了解客人的消费水平、支付能力以及信用情况、消费倾向等 |
| 习俗爱好档案 | 客人的旅行目的、生活习惯、喜欢的房号及餐桌号、宗教信仰、禁忌、住店期间的特殊要求等 | 有助于为客人提供个性化服务 |
| 反馈信息档案 | 客人住店期间的意见、表扬、投诉、处理结果、是否被酒店拉入“黑名单”等 | 帮助酒店与客人加强沟通，提高服务质量 |

酒店应设计客史档案卡，并做好客史档案卡的建立、利用和管理等工作。

### （三）客史档案的管理

客史档案包含的资料众多，有客人的预订单、入住登记表、账单、客人意见书、投诉处理结果记录等。因此，建立与管理客史档案时，需要各部门之间相互沟通，以确保资料齐全、有效。

现在，多数酒店都采用计算机系统进行客史档案的管理，不仅可储存的资料信息量大、调用方便，大大提高了客史档案的利用率，而且为酒店服务的细微化、个性化提供了可靠保障。

某日，小王的同事小吴向他抱怨为客人建立档案太麻烦，请你替小王向小吴讲解一下酒店建立客史档案的作用和意义。

## 模块实训

实训内容：在老师指导下，全班同学分组，根据调研表（表 7-5）的内容，到三星级、四星级、五星级酒店对客史档案的内容进行调研，总结各星级酒店客史档案的差异，形成调研心得，并制成 PPT 进行汇报。

实训要求：图文并茂，适当添加采访视频。

实训时间：20 分钟 / 组。

表 7-5　星级酒店客史档案内容调研表

| 档案类型 | 调研内容 | 酒店等级 | | |
|---|---|---|---|---|
| | | 三星级 | 四星级 | 五星级 |
| 常规档案 | 记录住客的基本信息（姓名、性别、联系方式） | | | |
| | 记录住客的民族 | | | |
| | 记录住客的国籍 | | | |
| | 记录住客的出生日期 | | | |
| | 记录住客的有效证件号码 | | | |
| | 记录住客的通讯地址 | | | |
| | 记录住客的职务头衔 | | | |
| 预订档案 | 记录住客的预订方式 | | | |
| | 记录住客的预订种类 | | | |
| | 记录住客的预订时间（年、月、日） | | | |
| | 记录住客预订有无变更 | | | |
| | 记录住客的预订单位 | | | |
| | 记录住客的预订联系人 | | | |
| 消费档案 | 记录住客的报价类别 | | | |
| | 记录住客所住的客房及房价 | | | |
| | 记录住客的同行人员 | | | |
| | 记录住客的餐费及其他消费 | | | |
| | 记录酒店给予客人的优惠或折扣 | | | |
| | 记录客人的信用程度 | | | |
| | 记录住客的账号 | | | |
| 习俗爱好档案 | 记录客人的旅行目的 | | | |
| | 记录客人的生活习惯 | | | |
| | 记录客人喜欢的房号及餐桌号 | | | |
| | 记录客人的宗教信仰、禁忌 | | | |
| | 记录客人住店期间的特殊要求 | | | |

（续）

| 档案类型 | 调研内容 | 酒店等级 | | |
|---|---|---|---|---|
| | | 三星级 | 四星级 | 五星级 |
| 反馈信息档案 | 记录客人住店期间的意见、表扬 | | | |
| | 记录客人的投诉及处理结果 | | | |
| | 记录客人是否被酒店拉入“黑名单” | | | |
| 其他档案 | | | | |

## 考核评价

客史档案的内容考核标准，见表 7-6。

**表 7-6 客史档案的内容考核标准**

考核时间：20 分钟　　考核总分：100 分

| 考核内容 | 考核要点 | 学生互评 | 教师评分 |
|---|---|---|---|
| 展示形式（10 分） | 1. PPT 美观大方 | | |
| | 2. PPT 符合酒店前厅部的整体风格 | | |
| | 3. PPT 颜色、字体、字号等前后一致 | | |
| | 4. PPT 规范、清楚，思路清晰 | | |
| | 5. PPT 中文字和图片结合，且图片为原创 | | |
| | 6. PPT 中有视频展示，且视频为原创 | | |
| | 7. PPT 中的视频经过剪辑包装 | | |
| 展示内容（45 分） | 1. PPT 首页上有汇报题目、小组成员姓名、日期 | | |
| | 2. 调研的三星级酒店的简介及客史档案图片 | | |
| | 3. 调研的四星级酒店的简介及客史档案图片 | | |
| | 4. 调研的五星级酒店的简介及客史档案图片 | | |
| | 5. 根据调研表中的内容，总结不同星级酒店客史档案类别设置的差异 | | |
| | 6. 根据调研表中的内容，总结不同星级酒店客史档案内容的差异 | | |
| | 7. 调研心得 | | |
| | 8. PPT 尾页有结束语 | | |
| 小组汇报（45 分） | 1. 小组成员积极发言 | | |
| | 2. 发言有礼有节 | | |
| | 3. 发言响亮、清晰、有条理 | | |
| | 4. 组内成员尊重他人发言，善于倾听，及时补充自己的想法 | | |
| | 5. 对问题阐述清楚、有逻辑，并且有一定的分析 | | |
| | 6. 精神饱满，能较好地运用动作、手势、表情，清晰地表达内容 | | |
| | 7. 自信、自然，面带微笑，汇报具有较强的感染力、吸引力和号召力 | | |
| | 8. 语言表达得体、流利，基本能脱稿 | | |
| | 9. 无口头语 | | |
| | 10. 小组成员讲解顺序自然、配合顺畅 | | |
| | 11. 具有有吸引力的开场白和总结性结尾 | | |
| | 12. 小组汇报时间，控制得当 | | |
| 总分 | | | |
| 教师评语 | | | |

注：总分 = 学生互评分 ×30%+ 教师评分 ×70%。满分为 100 分，60 分以下为不合格，60 ～ 74 分为合格，75 ～ 85 分为良好，85 分以上为优秀。

## 知识加油站

### 建立客史档案应注意的管理细节

虽然客史档案的建卡、填写、记录、储存、查找，每一步都需要消耗人力、物力，但是，强调个性化服务、重视顾客回头率的酒店都会为客人建立客史档案。

酒店在为客人建立客史档案时，应注意的管理细节包括：

（1）首张客史档案卡片填满后，必须新建一张卡片，并与旧卡片订在一起，以保证客人资料的完整性。

（2）为了在放回卡片时迅速找到原位，调用所需卡片时应顺手将其前一张立直或用塑料卡片、硬纸板等作标记。

（3）酒店的客史档案卡若使用有色卡片制作，则必须与酒店的客房预订卡条、客房状况卡条色彩示意相同，且每种色彩代表的客源一致。

（4）“死卡”必须用碎纸机做销毁处理。

# 模块三　处理客人投诉

## 学习情景

旺季时酒店非常忙，某日，经理在前台与小王一起接待客人，一位客人生气地找到经理说：“我昨天要求了叫早服务，为什么你们今天不叫醒我？现在我赶去机场也来不及了！”经理马上查询了叫醒记录，并联系了总机，总机表示当时客人应答过。于是经理将了解到的情况向客人进行了说明，客人皱着眉头道：“你们为什么不多叫几次呢？现在我赶不上飞机怎么办？”

## 应知应会

这是小王第一次碰到客人投诉酒店的情况。投诉有哪些类型，该如何处理？酒店处理投诉的程序是怎样的？

### （一）投诉的类型及处理办法

若想处理好客人的投诉，应先学会分析产生客人投诉的类型和原因（表 7-7），才能站在客人的角度去理解客人，分析问题。

表 7-7　投诉的类型、原因与处理方式

| 投诉类型 | 投诉原因 | 投诉处理方式 |
|---|---|---|
| 对酒店硬件设施、设备的投诉 | 因酒店的硬件设施、设备运行失常，给客人带来不便或伤害，引起客人投诉 | 首先，站在客人的角度，换位思考；其次，与工程部、安全部联系并实地查看，根据实际情况采取补救措施；最后，在问题解决后，再一次与客人电话联络并致歉，安抚客人 |
| 对酒店服务的投诉 | 因酒店工作人员业务能力不过关，酒店服务效率低、服务质量差，给客人带来不便，引起客人投诉 | 首先，向客人致歉；其次，尽快采取补偿措施，弥补过失，切忌在客人面前训斥员工；最后，事后分析原因，加强员工培训 |
| 对服务态度的投诉 | 因酒店服务人员对客人态度不恰当而产生的投诉 | 提高员工职业道德水准，加强员工对客关系和心理素质的培训 |
| 对异常事件的投诉 | 针对不可控事件发生的投诉，如飞机延期起飞、买不到机票等 | 酒店尽力帮助客人，但切忌满口答应；对超出酒店能力范围的请求，尽早说明情况，得到谅解 |

为维护酒店声誉、减少投诉，酒店应设计并使用宾客意见表（图 7-1），在客人办理入住登记手续或离店手续时，发给客人，也可放于客房服务册内、邮寄给客人等。

酒店收到客人反馈的问题后，应尽快分析、总结并采取相应的措施。

酒店收到客人的反馈后，应及时表示感谢，通常采取的方式是向客人寄发由总经理署名的感谢信或致歉信。

XINLUHAI 新路海大酒店 HOTEL

宾客意见表

尊敬的宾客：

新路海大酒店欢迎您的光临，我们愿为您提供最高水准的服务及设施。为不断地自我完善，追求完美，感谢您能填写此调查问卷。我们衷心感谢您的支持，并祝您在此度过轻松愉快的时光。

| 姓　名： | | 联系电话： | |
|---|---|---|---|
| 房　号： | | 住宿日期： | |
| 会员卡号： | | 电子邮箱地址： | |
| 通讯地址： | | | |

（注：请准确填写联系方式，以便我们可以及时与您联系）

您的年龄：
□20岁以下　□21-29岁　□30-39岁
□40-55岁　□50岁以上

您为何选择本店：
□品牌　□卫生　□房价
□地理位置　□服务　□其他

您的订房途径：
□订房中心　□网诺　□公司
□旅行社　□电话　□直接上门
□商务　□旅游　□会议

接待人员是否向你介绍酒店的服务设施？　○是　○否

| 满分十分 | 0 | 2 | 4 | 6 | 8 | 10 |
|---|---|---|---|---|---|---|
| 酒店是否容易找到? | | | | | | |
| 您对酒店的第一印象 | | | | | | |
| 员工的待客礼仪 | | | | | | |
| 对前台接待的满意度(登记入住/离店结账) | | | | | | |
| 保安人员服务 | | | | | | |
| 对客房的总体评价(整洁、设施、设备完好) | | | | | | |
| 服务效率及服务态度 | | | | | | |
| 总体清洁程度 | | | | | | |
| 酒店价格 | | | | | | |
| 您是否会再次入住或向您的朋友推荐 | | | | | | |

请推荐一位为您提供超前服务的员工

员工姓名(或工号)：　　　工作部门：

事由：

为下次能为您提供更好的服务，请提出您的宝贵意见和建议：

谢谢您的宝贵意见和建议。我们非常感谢您抽出时间来填写此调查问卷，期待您的再次光临。您填好的表格，我们收到后会转交给酒店总经理。

图 7-1　宾客意见表

## （二）处理投诉的原则

一般来说，在处理客人投诉时应遵循以下原则：

（1）真诚帮助客人。管理者要换位思考，理解客人，真诚地帮助客人解决问题。

（2）绝不与客人争辩。不论前来投诉的顾客的态度如何，接待员都要耐心接待，即使过错不在酒店方，也要尊重客人，做出恰当的处理。

（3）维护酒店应有利益。处理投诉事件时，服务人员切忌损害酒店形象、贬低公司员工或部门。出现客人的财产遗失或损坏等情况时，不可选择赔钱了事的方法，应多方调查，寻找真相，最后向客人致歉并予以处理。

### （三）投诉的处理程序

要弄清楚客人投诉的原因，同时遵循一定的处理程序（表 7-8），才能有效地处理客人的投诉。

**表 7-8　投诉的处理程序**

| 投诉处理程序 | 详细内容 |
|---|---|
| 聆听客人投诉，领会其投诉的真实目的 | 认真、仔细地聆听客人的投诉内容，对客人表示歉意；分清客人投诉目的（如发泄、寻求尊重或补偿），采取相应的处理措施 |
| 给予客人特别关心，记录投诉要点 | 使用姓名称呼客人，告诉客人酒店会尽快解决此事。客人投诉时，接待员应将注意力集中到投诉问题上，不可随意引申或推卸责任。另外，客人投诉时，接待员应边听边记录，让客人感受到酒店对其投诉的重视，同时有助于解决问题 |
| 告知客人采取的措施 | 听完客人投诉后，立即考虑如何解决问题，并将解决方案和补救措施告知客人，以示尊重。切忌只道歉而对投诉内容置之不理 |
| 告知客人解决问题所需的时间 | 充分估计处理问题所需的时间后，告知客人 |
| 立即行动，检查落实 | 立即对客人投诉的情况展开调查，找到根源，将处理进展告知客人。问题解决后，与客人联系，询问其对处理方式及结果是否满意 |
| 整理存档 | 将投诉内容与处理过程归纳存档，记入客史档案 |
| 邮寄谅解函 | 对于来函、来电投诉，应将调查结果、解决过程等写成信函邮寄给客人，表达歉意、争取谅解。事后，复印客人原始投诉资料，记入客史档案 |

### （四）处理客人投诉的方法

处理客人投诉时要讲究方法，日常工作中常见的处理方法（表 7-9）如下。

**表 7-9　处理客人投诉的方法**

| 处理方法 | 详细内容 |
|---|---|
| 降温法 | 客人投诉时，先让客人冷静，耐心倾听，切忌打断客人。注意语气语调，慎用微笑，以免产生误会 |
| 移步法 | 尽量让客人移步到安静的环境，创造良好的沟通氛围 |
| 交友法 | 交谈过程中，寻找客人有兴趣的话题，设法引起共鸣，与其交友 |
| 快速反应法 | 迅速果断地处理投诉，提高客人的满意度 |
| 语言艺术法 | 沟通时，使用礼貌用语，注意沟通艺术 |
| 充分沟通法 | 将酒店的处理措施告诉客人，征求其意见。不能立即解决时，告诉客人所需时间，并及时告知处理进展 |
| 博取同情法 | 博取客人同情，让客人理解出现问题不是酒店的主观意愿，向客人明确表示酒店愿意承担相应的责任 |
| 多项选择法 | 解决问题时，列出多种解决方案供客人选择，以示重视 |

### （五）妥善处理客人投诉对酒店的意义

投诉是沟通酒店和客人的桥梁，应正确看待客人的投诉。对酒店来说，客人投诉的意

义表现在以下三个方面。

（1）通过客人的投诉，酒店发现自身的不足。客人作为酒店的消费者，对酒店的服务有着各方面要求，更容易发现服务中存在的问题。

（2）有助于酒店开展市场营销，改善宾客关系，招揽更多客人。出现投诉现象，说明酒店的服务或硬件设施存在问题，如果得不到妥善解决，就会有损酒店口碑，导致客人流失。妥善解决投诉问题，让客人由不满意变成满意，酒店便可以招揽更多客人。

视频 7-1　接待员受理客人投诉

（3）改善酒店服务质量，提高管理水平。酒店通过客人的投诉，发现问题。在解决问题的过程中，酒店改善服务质量，提高管理水平。

试一试

王女士来到某地出差，入住了杨经理所在的酒店，然而在她准备打开窗户时，发现窗户很脏，窗台上有一层尘土。王女士又打开了衣柜，发现衣柜角落同样很脏。气愤的王女士对酒店进行了投诉。请问王女士投诉的原因是什么？杨经理应怎样处理？

## 模块实训

实训内容：在老师的指导下，全班学生分组模拟处理客人投诉，投诉内容自拟，在展现接待员仪容仪表和服务礼仪的同时，妥善处理客人的投诉。

实训要求：小组成员团结合作，反应迅速规范。

实训时间：20 分钟 / 组。

## 考核评价

处理客人投诉考核标准，见表 7-10。

**表 7-10　处理客人投诉考核标准**

考核时间：20 分钟　　考核总分：100 分

| 考核内容 | 考核要点 | 学生互评 | 教师评分 |
|---|---|---|---|
| 展示内容（55 分） | 1. 主动向客人问好 | | |
| | 2. 礼貌称呼客人 | | |
| | 3. 认真、仔细地聆听客人的投诉内容 | | |
| | 4. 客人投诉时，接待员应边听边记录 | | |
| | 5. 向客人表达歉意 | | |
| | 6. 明确客人的投诉目的后，采取相应的处理措施 | | |
| | 7. 告诉客人酒店会尽快解决此事 | | |
| | 8. 听完客人投诉后，立即考虑如何解决问题，并将解决方案和补救措施告知客人 | | |
| | 9. 充分估计处理问题所需的时间后，告知客人 | | |
| | 10. 礼貌地与客人道别，并再次致歉 | | |
| | 11. 立即对客人投诉的情况展开调查 | | |
| | 12. 找到根源，将处理进展告知客人 | | |
| | 13. 问题解决后，与客人联系 | | |
| | 14. 向客人问好 | | |
| | 15. 告知客人处理过程及结果 | | |
| | 16. 询问客人是否满意 | | |
| | 17. 向客人礼貌道别 | | |
| | 18. 将投诉内容与处理过程归纳存档，记入客史档案 | | |

（续）

| 考核内容 | 考核要点 | 学生互评 | 教师评分 |
|---|---|---|---|
| 小组展示（45分） | 1．小组成员积极发言 | | |
| | 2．发言有礼有节 | | |
| | 3．发言响亮、清晰、有条理 | | |
| | 4．组内成员尊重他人发言，善于倾听，及时补充自己的想法 | | |
| | 5．精神饱满，能较好地运用动作、手势、表情，清晰地表达内容 | | |
| | 6．自信、自然，面带微笑，展示具有较强的感染力、吸引力和号召力 | | |
| | 7．语言表达得体、流利 | | |
| | 8．无口头语 | | |
| | 9．小组成员讲解顺序自然、配合顺畅 | | |
| | 10．具有有吸引力的开场白和总结性结尾 | | |
| | 11．小组展示时间控制得当 | | |
| | 12．形式具有创意 | | |
| 总分 | | | |
| 教师评语 | | | |

注：总分＝学生互评分 ×30%+ 教师评分 ×70%。满分为 100 分，60 分以下为不合格，60 ～ 74 分为合格，75 ～ 85 分为良好，85 分以上为优秀。

## 知识加油站

### 如何面对“找茬”的客人

酒店服务人员与酒店客人存在着一种天然的“不平等”性。当客人与酒店员工发生冲突时，酒店员工将处于“不利”地位。

那些故意“找茬”的客人很清楚，不管他们对酒店服务人员的态度多么恶劣，只要服务人员对他们有一点不恭，他们就可以去投诉。

面对故意“找茬”的客人，服务人员应理智对待，在尊重客人的前提下冷静处理事件，既要不卑不亢，又要避免冲突，即使无意间发生了冲突，也应尽量不让冲突“升级”。

## 思考题

### 一、填空题

1．大中城市的酒店以________型和会议型为主。

2．客史档案的资料众多，有客人的________、________、账单、客人意见书、投诉处理结果记录等。

3．合理调配人力资源可以节约成本、减少开支、增加利润，但绝不意味着________。

## 二、判断题（正确的打“√”，错误的打“×”）

1. 习俗爱好档案可以帮助酒店了解客人的消费水平、支付能力、信用情况、消费倾向等。（ ）
2. 出现客人的财产遗失或损坏等情况时，为节约时间，可以选择赔钱了事。（ ）
3. 客史档案可以记录客人对酒店的投诉以及具体涉及的方面和处理结果。（ ）
4. 客人投诉时，切忌打断客人，慎用微笑，以免产生误会。（ ）

## 三、简答题

1. 请举例说明前厅部人力资源调配与控制的基本原则与方法。
2. 城市商务酒店与旅游度假酒店的前厅部岗位设置、编制定员有何区别？
3. 简述客人投诉的类型及处理方法。

# 参 考 文 献

[1] 毛江海．前厅服务与管理 [M]．南京：东南大学出版社，2007．
[2] 魏洁文，许鸽文．饭店服务实训教程 [M]．北京：中国旅游出版社，2010．
[3] 刘伟．前厅与客房管理 [M]．2 版．北京：高等教育出版社，2007．
[4] 苏北春．前厅客房服务与管理实训手册 [M]．北京：人民邮电出版社，2006．
[5] 徐文苑．饭店前厅管理与服务 [M]．2 版．北京：清华大学出版社，2011．
[6] 田雅琳．前厅与客房管理 [M]．北京：机械工业出版社，2015．
[7] 罗峰，杨国强．前厅服务与管理 [M]．北京：中国人民大学出版社，2012．
[8] 何玮．前厅服务与管理 [M]．北京：清华大学出版社，2017．